AUFFALLEN

Liebe Leserin, lieber Leser,

in diesem Heft beschäftigen wir uns mit dem „Auffallen". Ein Thema voller spannender Widersprüche! Alle pädagogisch Tätigen haben vermutlich Kinder oder Klienten erlebt, auf die sie einen besonderen Blick warfen: „Die sind mir gleich aufgefallen!" Ein schönes Kompliment.

Andererseits fallen uns manche Menschen automatisch mehr auf als andere. Tun sie das, weil sie besonders viel Aufmerksamkeit brauchen? Weil sie um jeden Preis auffallen wollen? Oder fallen sie auf, weil wir sie als Auffällige behandeln – und würden viel lieber in der Masse verschwinden?

Oft hört man: Heute gibt es viel mehr auffällige Kinder als früher. Das ist schon mathematisch interessant, denn je mehr Kinder auffallen, desto normaler – und damit unauffälliger – wäre das Auffallen dann. Gibt es wirklich einen Trend zu immer exaltierteren, aufmerksamkeitsheischenden, den Rahmen der Gruppe sprengenden Kindern? Oder waren sie schon immer da, fielen uns früher aber nicht auf, weil wir nicht genau hinschauten?

Fallt Ihr eigentlich gerne auf? Jeder und jede von uns hat ein ganz persönliches Verhältnis zum Auffallen. Manche mögen unauffällige Kleidung und knappe Wortbeiträge, andere lieben schrille Outfits und brauchen das Echo auf ihre Worte und Taten. Viele Menschen könnten persönliche Geschichten des Auffallens erzählen: Früher duckte ich mich weg, heute zeige ich mich und stehe ich dazu, wie ich bin.

Man könnte fragen: Fallen wir alle stärker auf als früher? Sind wir bei all dem Geposte von Alltagsleben eine Gesellschaft der Auffallen-Wollenden?

Dass Euch beim Lesen viel auf-, zu- und einfällt,
wünscht
Eure **wamiki**-Redaktion

INHALT

Heft # 4/2022 **Bitte nicht stören!** — Thema: Auffällig

1

EIIIIIIINATMEN

DER WORTKLAUBER
Eine Grammatik des Auffallens
4

DAS GEDICHT
5

BILDER
Bilder vom Kind
6

PANORAMA
Alle anders!
12

INTERVIEW
Schön, dass du da bist!
14

2

AN..........HALTEN

AUFFÄLLIGE BEFUNDE
Die BiKA-Studie
20

WIE SEHT IHR DAS?
Kinderperspektiven im Kita-Beirat
24

3

AUSSSSSSSSSATMEN

SATIRE
Auffällig durch die Zukunft
Die Mode-Diagnosen
für die 30er, 40er, 50er — bis
in die 80er Jahre
33

VERHALTENSAUFFÄLLIG?
Begriffe versenken
36

METHODE
Bitte umetikettieren!
38

TASCHES CARTOON
Schlimms Märchen: Gehscheißer-
chen und Dosenbrot
39

DILEMMATA
Wenn Wilko wütend wird
Was würdest du tun?
40

SPIELWIESE
Da fällt mir doch was auf ...
48

IMPULSE
Was mit Matsch
50

SUPERVISORIN
Stark bleiben
Mit herausforderndem Verhalten
umgehen
52

RECHTHABER
Aufsichtspflichtübertragungs-
unterlassung?
Wann wechselt die Aufsichtspflicht
beim Abholen?
55

1 € - PÄDAGOGIK
Selbstklebende Bandagen
58

SERVICE

MEDIEN
60

TERMINE
62

DAS ALLERLETZTE
Pädagogik aufräumen
62

DAS BILDERRÄTSEL
63

VORSCHAU / IMPRESSUM
64

wamiki im Abo
65

ONLINE –> WAMIKI.DE

150 Wissenschaftler*innen warnen
vor dem Kita-Kollaps
Personalnot, Kitaplatzmangel und
„Gute-Kita-Gesetze"
Ergebnisse des Ländermonitors der
Bertelsmann-Stiftung

1.

Eiiiiiiiiiiinatmen

EINE GRAMMATIK DES AUFFALLENS

Text: Michael Fink

„Auffällig" heißt das Thema dieses Heftes. Das Wort hat es in sich, obwohl es doch – Achtung: Wortspiel – so unauffällig daherkommt. Denn „auffällig" kann mit ganz unterschiedlichen positiven wie negativen Wertungen versehen sein, die sich gut unter der Unauffälligkeit des Wörtchens verstecken lassen.

Begeben wir uns auf eine Reise durch verschiedene Deklinationen des Wortes und ganz unterschiedliche Verwendungsweisen.

ICH FALLE AUF.

Wer diese drei Wörter selbstbewusst ausspricht, merkt: Mit dem Auffallen hat es eine besondere Bewandtnis. Obwohl das Verb im Aktiv steht, ist Auffallen keine aktive Tätigkeit. Ich kann zwar durch besonderes Benehmen oder Bekleidung versuchen, die Aufmerksamkeit anderer Leute auf mich zu ziehen. Aber ob ich auffalle oder nicht, entscheiden letztendlich die anderen. Das wissen besonders die Menschen, die aufgrund von Behinderung, Hautfarbe, Körpergröße, Gewicht oder anderer Dispositionen auffallen, ohne dass sie das möchten. Sie werden ständig betrachtet, während das „Mauerblümchen" übersehen wird.

Interessant: „Ich falle mir auf" funktioniert sprachlich, aber nicht inhaltlich.

DU FÄLLST MIR AUF.

Viele persönliche Beziehungen beginnen mit einem besonderen „Auffallen". Person A nimmt unter vielen anderen Menschen Person B als etwas Besonderes wahr. Person B fühlt sich entweder geehrt, weil sie Person A aufgefallen ist, oder ihr ist A selbst „aufgefallen". Ideale Grundlage für einen Flirt? Dazu sagen WissenschaftlerInnen: Offenbar finden Menschen andere Personen besonders dann positiv „auffallend", wenn sie erstens gängigen Schönheitsklischees entsprechen und zweitens im positiven Sinne durchschnittlich wirken. „Du bist mir gleich aufgefallen" könnte also heißen: „Du erinnerst mich an einen Mix aus diversen Schönheitsklischees."

ER FÄLLT AUF.

In vielen Märchen, Mythen und Geschichten gibt es einen „besonderen" Mann oder Jungen. Joseph aus der Bibel sieht mit besonders buntem Rock besser aus als seine Brüder. Mozart ist schon als Kind ein Wunderknabe, Leonardo wird es als Erwachsener. Viele dieser Helden fallen erst auf und dann auf die Fresse: Mozart verarmt, Siegfried wird ausgetrickst, Van Gogh wird verrückt... Zwar scheint die Zeit der Heldenverehrung heute passé. Doch immer noch führen uns Filme und Bücher den „auffallenden" männlichen Einzelkämpfer vor, der die Dinge auf seine Art regelt – von Wickie im Trickfilm bis zum eigenbrötlerischen Kommissar im Sonntagskrimi.

SIE FÄLLT AUF.

Als auffallende Männer noch das Nonplusultra waren, waren auffallende Frauen verdächtig. In den Kinderbüchern der Fünfzigerjahre waren das beispielsweise die „Wildfänge": Mädchen, die durch burschikoses Verhalten, lautes Lachen und allzu kräftige Stimmen auffielen, bevor sie dann von einem toleranten Jung-Förster gezähmt wurden. Auch heute noch gelten Frauen als auffallend, wenn sie sich in Männerdomänen behaupten wollen. Dann zeigen sie „ungewöhnliche Härte", „eisernen Willen" oder „beißen" gar männliche Rivalen weg, die sich ihnen eigentlich überlegen fühlten.

ES FÄLLT AUF...

...dass es immer bestimmte Personen sind, die...

Egal, ob es um Kevins Verhalten im Matheunterricht oder statistisch ermittelte Durchschnittsverhaltensweisen irgendwelcher Bevölkerungsgruppen geht: Die Formulierung „Es fällt auf..." bietet sich immer an, wenn man Vorurteile und Vorverurteilungen loswerden möchte, ohne allzu konkret zu werden. Zum Beispiel fällt auf, dass viele Maskenverweigerer in der Bahn männlich sind, eine bestimmte Herkunft haben, bis zum Plattenbauviertel fahren... Das Praktische an diesem „Es fällt auf..." ist: Achtet man mal darauf, ob etwa „alle Kevins verhaltensauffällig sind", wird jeder Treffer dieses Bild bestätigen.

Ist dir schon aufgefallen, dass unter den Maskenverweigerern wirklich jede Bevölkerungsschicht vertreten ist? Eben.

WIR FALLEN AUF!

Auffallen kann sehr schön sein, wenn man es gemeinsam tut. Fällt der Kirchenchor aus Bad Sumpfingen durch lautes Gackern in der Berliner S-Bahn auf, steigert das die Stimmung der Beteiligten. Gemeinsames Auffallen hat nämlich nichts mit dem Leid einsamen Auffallens zu tun, sondern verleiht das Gefühl: Jetzt setzen wir die Norm, indem wir gegen die von der Mehrheit gesetzte Norm verstoßen! Viele eher randständige soziale Gruppen genießen es, ihr individuelles Außenseitersein durch gemeinsames Auffallen zu kompensieren.

IHR FALLT AUF!

Häufig hören Kinder in Gruppen und erst recht Jugendliche diese streng gemeinte Feststellung – gerne garniert mit dem Adjektiv „unangenehm". Wer die Formulierung verwendet, macht klar, dass er auf der Seite derjenigen steht, die über richtiges – „unauffälliges" – und falsches Verhalten entscheiden. Dazu steht im Widerspruch, dass wohl jede pädagogische Einrichtung heute behauptet, „jedes einzelne Kind im Blick zu haben". Damit das auch wirklich klappt, ist Auffallen aber geradezu nötig. Andererseits suggeriert der Tadel „Ihr wolltet immer auffallen", dass es nichts Besseres gibt, als von PädagogInnen übersehen zu werden.

SIE FALLEN AUF.

So geht „gruppenbezogene Menschenfeindlichkeit": Man ordnet Menschen einer Gruppe zu, um ihnen danach eine gemeinsame Differenz zum angeblich „Normalen" zu unterstellen. Ein Trick, der fast in jeder Diktatur funktioniert, weil er Gruppen besser stabilisiert als jedes Teambildungs-Seminar. Norbert Elias[1] kennt das Rezept: Man bildet aufgrund irgendwelcher simpler Merkmale (Hautfarbe, Religion, Sprache, Körpermerkmale) eine Außenseiter-Gruppe, der man die als negativ wahrgenommenen Eigenschaften innerhalb der eigenen Gruppe unterstellt („gemein zu Frauen", „geizig", „fauler als andere Menschen"). Das entlastet die eigene Gruppe („Ich bin nicht so frauenfeindlich wie die…") und vereinfacht die Rollenfindung auf beiden Seiten. Innerhalb kleinerer Gruppen übernehmen die anfangs irritierten „Außenseiter" nun teilweise die vorgegebenen Rolleneigenschaften, um nicht noch mehr „aufzufallen".

---

1 Der deutsch-britische Soziologe Norbert Elias (1897-1990) gilt als einer der Begründer der modernen Soziologie.

Peter Huchel

ÜBER DEN JÄGERN JAGT DER GRÖSSRE HUND

Wenn ich mit den Beuteträgern
ziehe durch den dunklen Grund,
droben über allen Jägern
jagt als Wind der größre Hund.

Denn im Rücken spür ich einen,
der in meinem Jagen jagt,
und mein Herzschlag ist dem seinen
wie ein Knecht nur, der sich plagt.

Wie ein Knecht nur, der die Beute
sich zu schwerer Bürde häuft,
der im Winde hört die Meute,
die sein Laufen überläuft.

Zieh ich mit den Beuteträgern
dunkel durch den alten Grund,
droben über allen Jägern
hungrig jagt der größre Hund.

Kein Heft ohne Gedicht.
Diesmal aus: Peter Huchel: Havelnacht.
Mit Fotografien von Roger Melis.
Insel Verlag, Berlin 2020, S. 8.
Ausgesucht hat es Marie Sander.

„MANCHMAL IST EIN KIND NICHT DAS, WAS MAN SICH VORGESTELLT HAT",

sagt Gustavo Rosemffet, einer der wichtigsten Illustratoren im spanischsprachigen Raum und erzählt eine tolle Liebesgeschichte zwischen Vater und Sohn.

io Ho SEMPRE AVUTO
i CAPELLI LUNGHI
PER SOMIGLIARE
AL CANTANTE DEI
RED HOT CHILI PEPPERS!

QUESTA PAGINA LA DEDICO A CLARITA,
MIA MADRE, CHE NONOSTANTE iO ABBIA QUASI
CINQUANT' ANNI, CONTINUA A DIRMI:

" TESORO, VAI A TAGLIARTI i CAPELLI,
CHE RISCHI DI FINIRE IN PRIGIONE"

„Sie fragen mich, warum ich auf die Idee gekommen bin, ein Buch zu schreiben, um die Geschichte meines Sohnes Mallko zu erzählen, der mit dem Down-Syndrom geboren wurde? Ich glaube, ich fand es wichtig zu erzählen, wie die Dinge von Anfang an waren. Vielleicht sehen andere Leute, dass die Erfahrung gar nicht so schlecht ist und dass sie weitermachen können. Als Vater möchte ich Mallko so selbstständig wie möglich machen und ihm ein glückliches Leben ermöglichen. Was mich betrifft: Mein ‚Widerstand' dauerte viele Jahre, ich machte Recherchen …, um zu versuchen, den Grund für das zu verstehen, was wir mit unserem Sohn erlebten… Seit der Geburt unseres Sohnes hat sich die Sicht auf das Leben verändert. Ich habe eine neue Werteskala angenommen, die viel interessanter ist als die, die ich zuvor hatte, und es besteht keine Chance, dass ich zurückkehren kann. Heute schaue ich immer nach vorne. Mallko hat mich gelehrt zu akzeptieren, bei ihm habe ich gelernt, dass man sich nicht wehren darf, schlimmer noch: Man muss sich hingeben und lieben. Mallko ist dieses besondere Wesen, das mir beigebracht hat, mich zu ergeben. Er lehrt mich jeden Tag, dass der einzige Weg die Liebe ist. Mein Sohn liebt es, eine Wunde an meiner Hand zu streicheln, er bleibt wie in Trance, wir bleiben zusammen in Trance. Er weckt seinen Bruder Theo gerne morgens, damit er zur Schule geht. Er sagt ›tuto, tuuto‹ und legt sich in sein Bett. Er tanzt viel mit Anne. Er mag es, Monstergeräusche zu machen, dich zu jagen, zu spielen. Wenn er alleine ist, schaut er sich Filme, Videos oder Zeichentrickfilme an und kocht gerne.

Mallko hilft uns bei allem. Ich denke, dass ich durch das Schreiben des Buches Heilungsarbeit geleistet habe, einige der Seiten waren für mich echte Katharsis, ich habe vor Emotionen geweint, ich habe gezittert … bei anderen Seiten habe ich gelacht und … ich fühlte mich lächerlich . Ja, eine echte Heilung für mich, und dafür bin ich sehr dankbar. Bei meinem Sohn habe ich gelernt, die Dinge so zu akzeptieren, wie sie sind und nicht so, wie man sie gerne hätte. Was ist da, was ist nicht da und wir sind immer dankbar für das, was wir haben. Ich mag diesen künstlerischen Raum, weil Behinderung verschwindet und Meinungsfreiheit keine Chromosomen, Arme oder irgendetwas anderes zählt. Schreiben und Kunst sind ein inklusiver Raum. Wenn ich das Buch vorstelle, komme ich immer mit einem Rucksack voller Emotionen nach Hause, der überquillt, und ab und zu habe ich Tränen in den Augen, wenn ich es am wenigsten erwarte. Ich spüre pure Dankbarkeit, Menschen kommen auf mich zu, schauen mich an und danken mir. Sie erzählen mir von ihrem Leben, sie machen mir Geschenke. Kurz gesagt, ein Netzwerk, in dem viele von uns ähnliche Situationen teilen."

Quelle: Zitate aus "La Voz"

Mallko y papá. Der lateinamerikanische Illustrator und Autor Gusti (Gustavo Rosemffet) erzählt liebevoll und ehrlich vom Leben seiner Familie mit Mallko, einem Kind, das „anders" ist als sie es erwartet hatten. Ein Bilderbuch, das Tagebuch, Comic und Ratgeber zugleich ist. Erhältlich für 25 Euro in spanischer Sprache. Für Kinder ab 5 und alle Erwachsenen (ISBN 9788817091923)

Mehr auf: https://www.youtube.com/watch?v=LL-WS1xUCMA

VOM LEBEN IN SCHWARZ-WEISS UND IN FARBE

El corazón me late con fuerza y la cabeza se me nubla.

Y las mejillas se me ponen muy rojas.

Adrian lebt einsam und verspielt in einer Welt in Schwarz-Weiß. Fast jeden Tag geht er mit einem Knoten im Magen zur Schule. Wenn er dort ist, fühlt er sich allein und anders als die anderen. Am schlimmsten ist es, wenn die Lehrer ihn bitten, laut vorzulesen: Dann vermischen sich die Buchstaben, die anderen Kinder beginnen zu lachen und zu sticheln. Die ganze graue Welt scheint plötzlich einzufrieren und Adrian flieht in seine eigene Welt.

Diese ist warm und voller Farben, denn in seiner Phantasie wachsen Adrian Flügel: Als Akrobat der Lüfte fliegt er durch das Zirkuszelt und begeistert das Publikum.

Doch als er die Hündin Niebla trifft, ändert sich alles. Jemand glaubt an ihn, und plötzlich wird Adrians Leben in Schwarz-Weiß farbig.

In dem facettenreichen Comic von Kristin Lidström und Helena Öberg spielt Farbe eine entscheidende Rolle. Der Übergang von Schwarz-Weiß-Comics zu vollfarbigen Seiten spiegelt Adrians Gefühle wider und betont die Kraft der Vorstellungskraft.

Das Buch verwendet zwei Sprachen – Comics und Illustrationen – um die Welt eines Kindes auszudrücken, dessen oft einsames Leben im Kontrast zu seiner starken Vorstellungskraft steht, die ihm hilft, seine Schwierigkeiten zu überwinden.

Eine fesselnde Graphic Novel über Verletzlichkeit, Wut, Trauer, Sehnsucht und die transformative Kraft der Vorstellungskraft. Die fast wortlose Erzählung öffnet das Buch für alle Leser*innen ab 8.

„Du bist dran, Adrián" von Helena Öberg und Kristin Lidstrom (Übersetzung: Kristina Lund) ist in schwedischer und spanischer Sprache erschienen (schwedisch: ISBN9789198139679, spanisch: ISBN 9788494573576) und kostet 13,00 Euro.

ALLE ANDERS!

PROBIERS AUS!
„QR-CODE-SCANNER" …

HELP!

Was singen die **wamiki**s beim Fertigstellen dieser Ausgabe? Hört selbst. Hier ist die wamki-Hitliste zum Thema „Auffällig":

WAS IST NEURODIVERSITÄT?

Hast du schon einmal von AD(H)S oder dem Autismus-Spektrum gehört? Oder fühlst du dich manchmal rat- und hilflos, weil dich einzelne Kinder (und Erwachsene) mit ihrem Verhalten irritieren? In diesem kostenlosen (pädagogischen) Onlinekurs erläutert die Dozentin Anne Kuhnert kurzweilig und spannend, was Neurodiversität bedeutet und welche Wirkungen Nichtverstehen und Abwerten für das Leben und Lernen von betroffenen Kindern und Erwachsenen haben können.

ALLE BEHINDERT?

Dieses Buch macht Schluss mit dem seltsamen Einteilen in „Eingeschränkt" hier und „Normal" dort. Es geht um uns alle.
25 bekannte Beeinträchtigungen inklusive deiner eigenen kannst du hier näher kennenlernen. Ab 5 und für alle.
(Alle behindert! 25 spannende und bekannte Beeinträchtigungen in Wort und Bild.
Von Monika Osberghaus und Horst Klein.
14,00 Euro, Klett Kinderbuch, ISBN 978-3-95470-217-6)

SO BIN ICH UND WIE BIST DU?

Toleranz, Integration, Inklusion, kulturelle Vielfalt – lauter wichtige Werte, die wir Kindern vermitteln möchten. Nur wie, ohne dass es überkorrekt, langweilig und abstrakt rüberkommt? Pernilla Stalfelt buchstabiert das Thema Toleranz so unterhaltsam und witzig durch, dass man gar nicht merkt, wie sehr man ins Mitdenken gerät. Ab 5.
(So bin ich und wie bist du? Ein Buch über Toleranz von Pernilla Stalfelt.
13,00 Euro, Klett Kinderbuch, ISBN 978-3-95470-097-4)

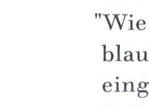

KLASSIKER FÜR ALLE AB 2

Es freut sich der Hase mit der roten Nase: "Wie schön ist meine Nase und auch mein blaues Ohr, das kommt so selten vor!" Die eingängigen Reime im Bilderbuch von Helme Heine, erzählen davon, anders zu sein und dass gerade in der Vielfalt das Glück liegt. Zum Vorlesen für Kinder ab 2. (Der Hase mit der roten Nase. Vierfarbiges Papp-Bilderbuch von Helme Heine. Bilderbuch, 6 Euro, Beltz, ISBN 978-3-407-77006-6)

SCHAU DURCHS FENSTER!

Schmulst du gern heimlich in andere Häuser? In Katerina Goreliks Bilderbuch darfst du nach Herzenslust in fremde Fenster schauen. Kocht die liebe ältere Dame, die in einem Topf rührt, wirklich nur das Mittagessen – oder ist sie vielleicht eine Hexe, die einen Zaubertrank braut? Und – oh Schreck! – was macht der hungrige Wolf denn dort im Wohnzimmer? Erst beim Umblättern siehst du, was sich wirklich in den Häusern abspielt – und dass es nicht immer das ist, was du erwartest …

Ein originelles Bilderbuch mit ausgeschnittenen Fenstern, das zum Entdecken überraschender Szenen einlädt und mit den eigenen Erwartungen spielt. Ab 3.
(Schau durchs Fenster! Von Katerina Gorelik. 16 Euro, Insel Verlag, ISBN 978-3-458-64335-7)

ANDERS SIND WIR ALLE!

Oft kommt es zu Erstaunen, Ausgrenzung oder Streit, wenn Kinder nicht verstehen, warum jemand anders aussieht oder sich anders verhält. Dieses Praxisheft für Erzieher*innen enthält 40 Projektideen zu fünf Bilderbüchern zum Thema: Vielfalt leben und schätzen.
(Anders sind wir alle! Projekteheft von Aline Kurt. 16,95 Euro, Beltz, 978-3-407-72739-8)

UNSICHTBAR WERDEN

Kannst du dich unsichtbar machen? Teile von dir vervielfachen? Können wir unsere Kräfte vereinigen? Kinder spielen gern mit Veränderungen, Verwandlungen und Variationen der eigenen Identität. Die Photoshop-Software kann dabei Werkzeug und Bündnispartner für Kinder und Erzieher*innen werden.
(Ideen bilden. 23 Poster mit DVD. Herausgegeben von Reggio Children. 29,90 Euro, wamiki, ISBN 9783945810163)

„SCHÖN, DASS DU DA BIST."

Interview: Erika Berthold
Foto: Christian Gerten / unsplash

Gabriela Zion arbeitet als Psychologin und Psychodrama-Therapeutin in einer Berliner Tagesgruppe für Kinder, die nur bedingt schulfähig und sehr „auffällig" sind. Im wamiki-Gespräch erzählt sie von diesen Kindern und davon, wie sie mit ihnen umgeht.

Was heißt eigentlich „auffällig"?

Dass andere Menschen sagen: „Du passt hier nicht rein."

Da fragt sich das betroffene Kind: Warum?

Ja, und es fragt sich auch: Was wollen die Erwachsenen von mir? Das wissen die Kinder wirklich nicht. Sie haben keine Ahnung, was sie bei uns lernen sollen. Das wissen nur die Eltern oder die Lehrer, die sagen: Das Kind soll lernen, sich zu konzentrieren, sich zu beherrschen, seine Impulse zu kontrollieren. Das Kind selbst hat meist keinen Leidensdruck.

Was sind das für Kinder, die zu Ihnen in die Tagesgruppe kommen?

Das sind Kinder im Alter von sechs bis 13 Jahren. Eine Zeitlang hatten wir nur Jungen, jetzt haben wir auch ein Mädchen und eine Vielfalt an Nationalitäten, häufig mit den Diagnosen ADHS und Autismus.

Die Kinder kommen nach der Schule in die Tagesgruppe. Manchmal schon nach der zweiten oder vierten Stunde, weil sie nicht so lange in der Schule bleiben sollen oder können. Bei uns machen sie Hausaufgaben oder Übungen und werden in der Freizeit therapeutisch betreut. Es gibt aber auch andere interessante Angebote: Karate, Trickfilm, Ukulele… Am späteren Nachmittag gehen sie nach Hause oder werden abgeholt.

Weshalb kommen diese Kinder zu Ihnen? Wer schickt sie?

Es ist entweder die Schule, die mit ihrem Verhalten nicht zurechtkommt, oder es sind die Eltern, die sich ans Jugendamt wenden. Unsere Tagesgruppe ist quasi der letzte Ausweg.

Dann werden Hilfe-Pläne geschrieben, und unser Auftrag wird formuliert. Aufträge an die Eltern werden kaum erteilt, so dass sie wenig in unsere Arbeit einbezogen sind. In ihren Augen sind wir diejenigen, die etwas leisten müssen. Auf die Dauer ist das nicht sehr förderlich, weil das Kind zwar der Symptomträger ist, aber selten das eigentliche Problem.

*Wie wirken die Kinder auf Sie, wenn sie in der Tages-
gruppe ankommen?*

Am Anfang wirken sie oft sehr verstört, sprechen nicht,
wimmern oder bekommen Wutanfälle. Ein Junge stieß
seinen Kopf immer gegen die Wand, wenn ihm etwas
missfiel oder er sich überfordert fühlte. Da war Kommunikation anfangs fast nicht möglich.

Oft wird die Diagnose mitgebracht: frühkindlicher
Autismus. Aber betrachtet man die Familienkonstellation
oder fragt man, ob das Kind schon immer so war oder erst
neuerdings so ist, dann erweist sich das Problemverhalten
als eine Reaktion auf Überforderung.

Der Junge, der immer greinte und nicht richtig
sprechen konnte, dessen Vater hat inzwischen einen Test
auf Hochbegabung machen lassen. Sein Sohn kommt in
diesem Jahr in die Schule, er spricht jetzt, wenn auch
undeutlich, ist klug, ein sehr guter Beobachter und hat ein
ausgeprägtes Gerechtigkeitsempfinden. Inzwischen hat er
gelernt, über seine Gefühle zu sprechen, anstatt hilflos zu
wimmern.

Wodurch hat der Junge das gelernt?

Durch Beziehungsangebote in der Tagesgruppe. Ich bin zu
ihm gegangen und habe gesagt: „Ich würde dir so gerne
helfen. Aber ich weiß nicht, wie. Was kann ich denn tun?“
Da schluchzte er noch ein bisschen, denn die Frage hatte
er noch nie gehört. Ich fragte weiter: „Was ist es denn?
Was gefällt dir denn nicht?“ Er darauf: „Ich will nicht,
dass du…, dass der… Ich will nicht, dass du mich das
fragst.“ Er vertrug auch nicht, dass wir ihn lobten. Da
bekam er förmlich Krämpfe.

Ich riet ihm: „Es ist besser, du sagst mir, was du
brauchst. Dann können wir daran arbeiten und etwas
ändern. Wir helfen dir.“ Und der Junge redete. Sein Vater
wusste gar nicht, was er für einen Wortschatz besitzt.

Steckt dahinter eine Strategie, so auf Kinder zuzugehen?

Ja, schon. Wir begegnen den Kindern auf Augenhöhe und
möchten nicht über sie hinweg bestimmen, arbeiten Hand
in Hand und sehr transparent. Nach unserer Erfahrung
bewirken Rollenspiele im therapeutischen Rahmen
Selbstwahrnehmung, Impulskontrolle und Interaktion.

Anfangs konnte der erwähnte Junge von den anderen
Kindern nicht angenommen werden. Sie waren damit
völlig überfordert. Jetzt ist er ein Teil der Gruppe, und die
Kinder reißen sich um ihn. Er muss nun seine Therapiezeit
teilen, weil so viele Kinder mit ihm zusammenarbeiten
wollen.

„Meine Zeit“, das ist das Zauberwort. Weil es Kindern
schwerfällt, sich zu konzentrieren, haben wir die Therapie-
stunde auf zwei Tage verteilt: zwei halbe Stunden. Und da
es letztlich um soziale Kompetenzen geht, um Impulskontrolle, Rücksicht und Empathie, habe ich eingeführt,
dass jedes Kind in „seine (Therapie-)Zeit“ ein anderes
Kind einladen darf, aber nicht muss.

Die Kinder entscheiden. Sie dürfen, sie müssen nicht.

Ja, und das ist so wichtig! Oft spielen wir dann Rollenspiele.

Zuvor handeln die Kinder schon aus, wer mit wem und
wie agiert: „Ich will aber mit dir, und du hast gestern
gesagt… Und Jamie hat mich noch nie eingeladen! Na gut,
heute lade ich dich ein.“ In diesen Aushandlungsprozessen
herrscht zwar eine gewisse Konkurrenz, vor allem aber
entsteht ein soziales Miteinander. Die Kinder sind in
Beziehung im Hier und Jetzt. Und das ist schon der halbe
Erfolg.

Außerdem bestehen die Kinder darauf: „Ich will in
meine Zeit.“ Dafür kommen sie sogar vom Spielplatz
zurück. Aus ihrer Sicht ist es kein Muss – obwohl es in
Wirklichkeit eins ist –, sondern ein Wollen: Ich brauche
das, ich will das. Weil inzwischen zehn Kinder bei uns
sind, kommt manchmal eins zu kurz, aber es vergisst nie,
am nächsten Tag einzufordern, was ihm zusteht. Da wird
um Minuten gefeilscht und „die Zeit angehalten“, damit
nichts verloren geht. Das ist Wertschätzung.

Wie viele Erwachsene arbeiten mit den zehn Kindern?

Bei uns arbeiten zwei sehr engagierte und kompetente Erzieherinnen, ich als Teilzeit-Therapeutin und zwei Auszubildende auf Teilzeit.

Nicht gerade üppig.

So ist es leider.

Welche Ursachen sehen Sie für den Bedarf dieser Kinder?

Sie liegen meist in den Biografien. Ein Junge wurde mit einem am Hals eingeklemmten Nerv geboren, hatte also immer Schmerzen und war ein „Schreikind". Auf einem Ohr hörte er nicht. Dadurch war die Mutter-Kind-Beziehung gestört. Permanent war er überfordert. Als ich ihn kennen lernte, war er fünf Jahre alt und sprach kaum, weil er nicht richtig hören konnte.

Er war extrem laut, anstrengend und sozial überhaupt nicht zu integrieren. Man durfte ihn nicht ansehen oder berühren, denn jeder Reiz war zu viel für ihn. Eine Zeitlang hatte er eine besondere Rolle in der Tagesgruppe. Er war der Bestimmer, auf eine sehr unfreundliche und rabiate Art. Bekam er nicht, was er wollte, schlug er alles kurz und klein.

Im Laufe von drei Jahren konnten wir ihn so weit voranbringen, dass er jetzt geradezu unser Fels in der Brandung ist. Einfühlsam und freundlich geht er mit den anderen Kindern um. Zwar hat er manchmal noch Wutausbrüche, aber er beherrscht sie schnell wieder. Er läuft dann schnaubend ums Karree, und wenn er sich beruhigt hat, kommt er wieder. Als ein neuer, sehr schwieriger Junge zu uns kam, kümmerte er sich um ihn. Darum hatte ich ihn bitten können und ihm gesagt: „Dieser Junge hat ähnliche Probleme wie du." Geduldig redete er immer wieder mit dem neuen Kind, und einmal meinte er: „Also, ich bin jetzt so erschöpft! Am liebsten würde ich schlafen." Als ich ihm riet, sich hinzulegen, sagte er: „Nee, das mache ich nicht. Ich habe zu tun." Er gab wirklich alles.

Am Ende des Tages gibt es immer eine Auswertungsrunde bei uns, in der die Kinder sagen, wie sie sich fühlen, ob sie ihre Aufgaben erfüllt und ob sie jemanden geschlagen oder beleidigt haben. Haben sie alles beantwortet, bekommen sie vier Punkte.

Das machen die Kinder wirklich selbst, nicht die Erwachsenen?

Nein, das ist eine Art Ritual. Sie schätzen sich selbst ein, und die anderen Kinder dürfen etwas dazu sagen. Meist sagen sie aber nur: „Schön, dass du da bist." Wenn es Probleme gab, werden die kurz besprochen, oder es wird ein Punkt abgezogen. Haben die Kinder 40 Punkte erreicht, dürfen sie sich eine kleine Belohnung aussuchen.

Zurück zum Thema „Eltern". Sie hatten gesagt, dass nicht nur die Kinder, sondern eigentlich auch die Eltern Aufgaben bekommen müssten.

Ein Junge, der sehr auffällig war, brachte das Thema selbst oft auf den Tisch: Mama trinkt, Mama schlägt. Doch die Sozialarbeiterin war der Meinung, dass wir zwar mit der Mutter kooperieren, sie ansonsten aber in Ruhe lassen sollen, um die negative Dynamik nicht noch mehr anzuheizen. Das fand ich falsch. Wir müssen mit dem Kind kooperieren und dadurch Druck auf die Mutter ausüben. Aber das gelang in diesem Fall leider nicht. Der Junge verließ unsere Tagesgruppe und ist in einer geschlossenen Einrichtung.

Was würden Sie einer Erzieherin, einem Kita-Team oder einer Grundschullehrerin raten, wenn sie es mit so auffälligen Kindern zu tun haben?

Ich würde raten, diese Kinder nicht allein zu lassen. Damit sie nicht das Gefühl bekommen, nicht dazuzugehören. Erwachsene müssen den Kindern ermöglichen, sich zugehörig zu fühlen – zum Beispiel auch durch eine Patenschaft anderer Kinder. Sie müssen die Kinder loben, wenn sie etwas gut machen, sich also nicht an den Schwächen orientieren, sondern an den Stärken und Ressourcen, spielerisch vorgehen und die Eltern ins Boot holen.

Was meinen Sie mit „spielerisch"? Erzählen Sie bitte ein Beispiel.

Ein Mädchen hatte Angst, woanders zu übernachten, bekam dann Anfälle, schrie, und die Mutter musste sie abholen. Sie wollte gern bei ihrer Freundin übernachten, konnte es aber nicht. Als wir an dem Thema arbeiteten,

fragte ich: „Wo sitzt denn dieses Angst-Gefühl? Hier in der Brust? Oder reicht es bis zum Magen?" Das Mädchen nickte. „So groß ist das Gefühl? Das ist zu groß", sagte ich, „aber es ist ein Gefühl, das dich beschützen will. Es zeigt, dass du wieder bei Mama sein willst, wo du geschützt bist. Es weiß nicht, dass du schon zehn Jahre bist und kein Vertrauen in die Situation bei der Freundin hast. Würde es kleiner werden, wäre nur so groß wie…" Weil wir gerade Blaubeeren auf dem Tisch hatten, sagte das Mädchen: „Wie eine Blaubeere." „Ja", sagte ich. „Du wirst dieses Gefühl nicht so schnell los, aber wenn es nur so groß wie eine Blaubeere ist, dann ist es okay."

Später sagte ich: „Ich bin jetzt die Blaubeere." Das Mädchen fragte; „Willst du nicht mal abhauen?" Ich: „Nein!!! Ich bleibe mein Leben lang bei dir!" Da sagte das Mädchen vorsichtig: „Aber ich bin doch schon zehn Jahre alt…" Sie konnte das Angst-Gefühl nach außen verlagern und hatte dadurch einen Draufblick. Das Spielerische machte es ihr leichter, dem Problem zu begegnen, und sie argumentierte sehr vernünftig.

Das meine ich: In einer spielerischen Situation mit dem hemmende Verhalten umgehen und es nicht negativ bewerten, sondern ihm eine positive Absicht unterstellen.

Bevor Erwachsene so reagieren können, müssen sie ja dafür sorgen, dass das Kind sich öffnen kann. Sie müssen ihm zuhören, es ernst nehmen.

Ja, und das Kind muss wissen, dass es Hilfe bekommt. Es weiß ja nicht, wie es sein Verhalten ändern kann. Ich kann ihm verschiedene Varianten vorschlagen, und wenn etwas nicht passt, finden wir was anderes. Wir probieren einfach aus. Es geht also mehr ums Experimentieren mit dem Fehlverhalten. Und überhaupt: Es sind Kinder! Kinder dürfen Fehler machen. Dabei lernen sie, werden offener und zuversichtlich: Wir kriegen das hin!

Man darf sich nicht auf das Ziel fokussieren. „Das Ziel ist im Weg", so lautet der Titel eines Buches von Michael Schacht. Besser ist: Wir machen uns auf den Weg und werden unser Ziel finden. Wann? Das wissen wir nicht.

Trotzdem kann es sein, dass Erwachsene an ihre Grenzen geraten. Wer hilft ihnen dann?

Da kann Supervision helfen. Wenn man sich eingesteht, dass man nicht weiterkommt, braucht man jemanden zum Reden, um für sich selbst Wege zu finden, mit einem Problem umzugehen. Meistens hilft es schon, wenn man jemanden hat, der einem wertfrei zuhört und einen ernst nimmt.

Denn was für die Kinder gilt, gilt auch für die Erwachsenen.

Ja, für beide gelten die gleichen Regeln. Auch die Erwachsenen müssen mal was ändern oder neue Blickwinkel ausprobieren. Immer die gleichen Sätze sagen – das bringt keinen Erfolg. Dieses „Festbeißen" ist Energieverschwendung.

Und die Kinder müssen mehr mitreden dürfen, mehr Verantwortung erhalten. Die Dinge sollten nicht über ihre Köpfe hinweg geregelt werden. Haben sie Konflikte miteinander, sollen sie sie selbst lösen und nicht die Erwachsenen. Die können sagen: „Worum geht es denn? Du sagst mir deine Position und du deine. Was fühlt ihr? Was wollt ihr?" In der Schule wird selten gefragt: „Was ist eigentlich passiert? Was erlebst du, was du, und wie lösen wir das?" Solche Fragen regen die Kinder immer zu Vorschlägen an.

Wir versuchen, das so zu machen. Dann fühlen sich die Kinder stark, entspannen sich, werden ruhig, und alles ist gut.

Würden Erwachsene öfter so handeln, wäre das auch für sie eine Erleichterung.

Ja, denn sie sind dann nicht mehr für das Problem zuständig. Und die Kinder lernen dabei, lösen neue Konflikte künftig leichter und gerecht. Kinder sind sehr gerecht.

Gabriela Zion ist Diplom-Psychologin und Psychodrama-Therapeutin. Sie arbeitet seit 20 Jahren als Kinder- und Jugendtherapeutin in einer Berliner Tagesgruppe für Kinder mit den Diagnosen ADHS und Autismus-Spektrum-Störungen, die nur bedingt schulfähig sind. Der Träger der Einrichtung ist die djo Bildungswerk Berlin gGmbH, 2016 zur Umsetzung von Jugendhilfeangeboten für Berliner Kinder und Jugendliche vom Jugendbund djo-Deutscher Regenbogen, Landesverband Berlin e.V. gegründet.

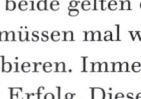

2.

An.........halten

AUFFÄLLIGE BEFUNDE

Text: Frauke Hildebrandt

Wer entscheidet, wann, was, wie viel und mit wem Kinder essen und trinken?
Frauke Hildebrandt berichtet von persönlichen Erfahrungen und
einigen Ergebnissen der BiKA-Studie

BiKA – was? Was untersucht die BiKA-Studie?
Im BMFSFJ-Projekt „Beteiligung im Kita-Alltag" (BiKA) haben wir uns typische Partizipationssituationen angesehen, und zwar in 89 Krippen und Krippenbereichen in Kitas deutschlandweit. Neben Spielen und Buch-Anschauen auch die Essenssituation.

Wie viel Partizipation ermöglichen bzw. verhindern pädagogische Fachkräfte, wenn sie in Krippen Essenssituationen gestalten?

Anteil der Kitas (in %), in denen die Kinder zwischen 1,5 und 2,5 Jahren selbst entscheiden, was auf den Teller kommt

- 26,7 trifft zu
- 19,8 trifft teilweise zu
- 53,5 trifft nicht zu

Essen: Anteil der Kitas (in %), in denen (innerhalb von 10 Minuten) nicht angemessener Körperkontakt zu beobachten ist

- 10,8 0 mal nicht angemessen
- 43,4 1–4 mal nicht angemessen
- 45,8 > 5 mal nicht angemessen

Anteil der Kitas (in %), in denen die pädagogische Fachkraft beim Essen einem Kind zwischen 1,5 und 2,5 Jahren seine eigenen Handlungen spiegelt (benennt)

- 16,7 trifft zu
- 83,3 trifft nicht zu

Essen: Anteil der Kitas (in %), in denen Kinder zwischen 1,5 und 2,5 Jahren direktive / nicht angemessene Handlungsanweisungen erhalten (innerhalb von 10 Minuten)

- 3,6 0 mal nicht angemessen
- 34,5 1–4 mal nicht angemessen
- 61,9 > 5 mal nicht angemessen

**Nach welchen Maßstäben beurteilst Du
Deine Beobachtungen?**

Erlebe ich Mahlzeiten in Kitas mit, achte ich immer auf das, was für mich Partizipation ausmacht: Hat ein Kind die Wahl, was es isst? Wird ihm eine Alternative angeboten, wenn es das, was es gibt, nicht mag? Kann es trinken, wenn es das möchte? Hat es freie Platzwahl? Beteiligt es sich am Tisch-Decken und Abräumen? Kann es, wenn es in die Krippe geht, die Speisen selbst erreichen? Kann es das Besteck wählen, ein Lätzchen nehmen oder nicht? Kann es sich die Speisen selbst auftun? Erkennt die Erzieherin, dass ein Kind Assistenz braucht, und hilft ihm, ohne seinen Arm zu führen? Oder füllt sie von vornherein alle Speisen auf? Und wie geht sie mit Widerstand von Kindern um? Was tut sie, wenn ein Kind etwas nicht will?

Außerdem interessiert mich, wie am Tisch kommuniziert wird: Wie redet die Erzieherin mit den Kindern? Versucht sie, die Kinder in Tischgespräche einzubeziehen? Gibt es Kommunikation unter den Kindern? Wenn ja – worüber? In Krippen achtete ich darauf, ob die Erzieherin am Tisch etwas thematisiert und die Kinder so einbezieht, dass sie Unterschiede wahrnehmen. Macht die Erzieherin deutlich: Uns allen schmeckt etwas besonders gut, aber jedem etwas Anderes.

Lassen sich Tendenzen beschreiben?

Grundsätzlich bestätigte sich meine Annahme, dass es große Unterschiede in der Art gibt, wie Essenssituationen strukturiert werden. Wenn ich in eine Kita kam, wirkte völlig selbstverständlich, was geschah – als ob man es nur so und nicht anders machen könnte. Egal, ob die Kinder die freie Wahl beim Essen hatten, selbst den Tisch deckten und beim Essen kommunizierten oder ob sie an den Tisch geschoben wurden, mit unter den Tellern fixierten Lätzchen, und kosten mussten, was auf den Tisch kam. Es ist ein Phänomen, dass so ein Mikrokosmos „Kita" Regeln etabliert, die unumstößlich erscheinen – in der einen Einrichtung diese Regeln und in der anderen, vielleicht am gleichen Ort, andere Regeln.

Zwar ist die Essenssituation eine ritualisierte Situation, aber selbst in der gleichen Einrichtung kann sie unterschiedlich gestaltet sein, während Schlaf-Situationen häufig abgestimmt sind: Gibt es drei Schlafgruppen? Müssen alle Kinder schlafen? Oder können sie frei wählen? Beim Essen hingegen gestaltet die zuständige Erzieherin die Situation.

Was hast Du beobachtet?

In den meisten Krippengruppen deckten die Erzieherinnen den Tisch. Die Kinder waren nicht beteiligt und wählten ihre Plätze am Tisch auch nicht selbst aus.

Sie wurden also oft platziert?

Ja, und meist taten sie sich das Essen nicht selbst auf.

Manchmal nahmen sie sich eine Speise selbst, andere Speisen nicht. Nur selten bekamen die Krippenkinder beim Essen verlässlich etwas zu trinken, nur wenige gossen sich selbst etwas ein. Ob sie ein Lätzchen haben wollen oder nicht, das durften nur wenige Kinder entscheiden.

Erstaunlich fand ich, dass Kinder in manchen Gruppen mit den Händen essen und bestimmen durften, wie viel sie essen und trinken möchten. Die Mehrzahl hatte dabei allerdings gar nichts zu melden. Die meisten Kinder durften auch nicht aufstehen, wenn sie mit dem Essen fertig waren. Und nur ganz wenige Kinder banden sich ihre Lätzchen selbst um, was sowieso nicht bei allen Lätzchen möglich ist.

Wurde bei Tisch gesprochen?

Dieses Thema interessierte mich besonders, und ich stellte fest: In der Krippe fanden so gut wie keine Tischgespräche statt. Da passierte fast immer sehr wenig beim Essen, nichts wurde initiiert. Ich kenne das Phänomen zwar aus der Literatur, aber es ist doch merkwürdig, dass ich das so oft erlebte. In manchen Gruppen hieß es sogar, dass Sprechen am Tisch nicht gewünscht ist, weil man sich dann leicht verschluckt. Mich wundert dass, weil ja die Essenssituation für uns DIE soziale Situation überhaupt ist. Fallen gemeinsame Mahlzeiten weg, fallen die wichtigsten strukturierenden sozialen Austauschsituationen weg. Wenn wir jemanden kennenlernen, also Kontakt aufnehmen wollen, verabreden wir uns nicht einfach so, sondern zum Essen oder auf ein Glas Wein …

In den Krippen war bei Tisch höchstens mal eine Anweisung der Erzieherin zu hören: „Stell das bitte hin." Oft sitzt die Erzieherin auch nicht dabei, sondern organisiert Abläufe, wischt den Tisch ab und schiebt Geschirr an die „richtige" Stelle.

**Was passierte, wenn Kinder miteinander
kommunizierten?**

Da habe ich auch sehr unterschiedliche Erfahrungen gemacht. In einigen Situationen waren die Kinder durch Blicke oder mit Wörtern durchaus in Kontakt. In anderen war jedes Kind auf sich fixiert, weil die Kinder so weit auseinander gesetzt wurden, dass sie sich nicht in die Quere kommen konnten. Wahrscheinlich ging es den Erzieherinnen darum, Zusammenstöße von Gegenständen mit Folgen, die Handlungen erfordern, zu vermeiden. Überhaupt hatte ich oft den Eindruck, dass die Essenssituation, obwohl sie hochgradig prägend ist, eher als organisatorische und weniger als pädagogische Situation wahrgenommen wird.

Worüber sprachen die Erzieherinnen bei Tisch?

Jedenfalls selten über etwas, das an die Erfahrungen der Kinder anknüpfte. Sie könnten ja fragen: „Hast du schon mal Reis gegessen? Gibt es bei dir zu Hause auch Kartoffelbrei?" Oder: „Erinnert ihr euch? Gestern gab es Kartoffeln, heute gibt es Kartoffelbrei. Wie fühlt der sich an?" Das fand nicht statt. Dabei ist es so wichtig, dass sie darüber sprechen, gerade in der Krippe, und sagen: „Guck mal, dem Peter schmeckt Brokkoli! Ich mag den ja nicht. Mir schmeckt Blumenkohl besser." Oder: „Du möchtest bestimmt noch mehr Tomatensoße. Das sehe ich dir an."

Warum ist das so wichtig?
Eine Erzieherin muss die Emotionen, Absichten und Wünsche junger Kinder zum Ausdruck bringen, damit alle Kinder merken: Jeder Mensch hat ein Innenleben und wird mit seinen Wünschen oder Vorlieben erfahrbar. Dem muss sie Worte geben, muss beschreiben, was in einem Kind vorgeht oder vorgehen könnte. Es kommt aber nur äußerst selten vor, dass über die Innenwelt der Kinder gesprochen wird. Das fand ich schlimm.

Immerhin sprachen die meisten Erzieherinnen grammatisch korrekt.

Hast Du auch Übergriffe erlebt, die Du gar nicht billigst?
Ich erlebte Szenen mit, von denen ich dachte: Das kann nicht wahr sein! Ich sah in Stühlen fixierte Kinder, die sich nicht selbst herausbewegen konnten. Ich sah auch oft, dass Kinder ohne Vorankündigung nach dem Essen gereinigt wurden: Von hinten kam eine Hand mit dem Waschlappen und wischte ein Kindergesicht ab. Die Reinigung wurde also nur als Hygiene-Maßnahme betrachtet und nicht als eine Form der Interaktion mit einem Menschen. Ich erlebte, dass Kinder gefüttert wurden, obwohl sie keinen Hunger mehr hatten, und immer wieder zum Essen gedrängt wurden.

Wehrten sich Kinder gegen derlei?
Ja. Und es gab viele Erzieherinnen, die Widerstand wahrnahmen. Andere nicht. Dann schrie ein Kind schon mal eine Weile, und das wurde ertragen, während die anderen Kinder scheinbar ruhig weiteraßen. Daraus lässt sich folgern, dass solche Situationen nicht als für Kinder entwicklungshemmend angesehen werden.

Andererseits erlebte ich Gruppen, in denen eine offene, eigentlich normale Atmosphäre herrschte: Die Kinder und Erwachsenen setzten sich miteinander hin, achteten aufeinander, reichten sich etwas zu. Trotzdem habe ich den Eindruck: Das ist nicht die Mehrzahl. Die Kontraste sind groß.

Woran mag das liegen?
Da bin ich unsicher. Zum einen gibt es den Personalmangel. Der wird natürlich gerade in stark ritualisierten Situationen, die in relativ kurzer Zeit „über die Bühne gebracht" werden müssen, besonders deutlich. Zum anderen glaube ich, dass man vor dem Hintergrund der DDR-Erziehung zum Kollektiv noch immer eine Form von Pragmatik pflegt: Wir essen gemeinsam, fangen zusammen an, hören gemeinsam auf, und jeder isst, was auf den Tisch kommt. Schließlich müssen wir nicht auf jeden individuellen Pups Rücksicht nehmen. Besser man lernt früh, die eigenen Bedürfnisse zurückzustellen. Sonst kommt diese egoistische Ellenbogengesellschaft heraus, die wir jetzt haben. Das wollen wir für unsere Kinder aber nicht.

In den DDR-Krippen wurde viel Wert auf Selbstständigkeit gelegt: Ich kann meine Schuhe schon allein zubinden! Und aufs Helfen, zum Beispiel beim Tischdecken oder Abräumen.
Ja, das stimmt. Beim Tischdecken sah ich das manchmal. Bei der Entscheidung, wie viel die Kinder essen wollen, eher nicht. Und zum Kosten wurden sie oft aufgefordert. Ich glaube aber, dass es Fachkräften nicht bewusst ist, warum und wie sie etwas in Essenssituationen gestalten. Wahrscheinlich gibt es so einen ideologischen Unterbau, wie ich ihn spüre, gar nicht so häufig. Sondern: Etwas wird einfach so gemacht, und die Regeln wirken oft wirklich sehr fest, obwohl es in der einen Einrichtung völlig andere sind als in der anderen. In einer Kita sollten die Kinder vor dem Essen trinken, „damit es besser rutscht", in der anderen war das ein absolutes No-Go: „Dann trinkt man sich doch satt." Übrigens sind diese Regelkontraste, wenn man von außen guckt, eine lehrreiche Erfahrung. Man merkt, dass ziemlich viel dessen, was hart gilt, auf Sand gebaut ist.

Warum ist das mit dem Kosten eigentlich so etwas Sensibles?
Diese Idee, dass man alles kosten, also in den Mund nehmen soll, finde ich unsäglich. Es ist eine Autonomie angreifende und grenzverletzende Angelegenheit. Man nimmt doch Lebensmittel nicht nur mit dem Mund wahr! Man sieht und riecht sie doch! Man hat eine Vorstellung davon! Demzufolge kann man selbst entscheiden, ob man sie in sich aufnehmen möchte.

Natürlich können die Fachkräfte Speisen attraktiv präsentieren, eine angenehme Atmosphäre schaffen – dann sind Kinder eher breit, etwas zu probieren. Aber manches schmeckt ihnen jetzt einfach noch nicht, sondern erst später.

Auch der Fokus auf gesundes Essen nervt mich. Natürlich ist es gut, Wert auf Gesundes zu legen, wenn man Ernährung thematisiert. Aber aus meiner Sicht sind Essenssituationen soziale Situationen. Will man einander kennen lernen, dann verabredet man sich zum Essen oder Trinken, möchte mit den Bedürfnissen, die man hat, respektiert werden, geht davon aus, dass Grenzen, die man setzt, gewahrt werden, und dass man das Recht hat

Anteil der Kitas (in %), in denen die Kinder zwischen 1,5 und 2,5 Jahren selbstständig essen (wenn sie dazu in der Lage sind, Besteck zu handhaben)

48,8
48,8
2,4

■ trifft zu

■ trifft teilweise zu

■ trifft nicht zu (Kinder werden ungefragt gefüttert)

Anteil der Kitas (in %), in denen die Kinder zwischen 1,5 und 2,5 Jahren Tischgespräche erleben (die über die reine Essensorganisation hinausgehen)

31
69

■ trifft zu

■ trifft nicht zu

zu bestimmen, was man aufnimmt. Beim Essen finden grundlegende Lernprozesse für die gesamte Entwicklung statt. Ein Kollege sagte mal: „Wenn du wissen willst, was in den Familien los ist, dann setz dich an ihren Tisch."

Gilt das für die Krippe auch?
Na, klar! Und dann merkt man, dass die Kinder nicht als gleichberechtigt angesehen werden.

Was Erwachsene beim Essen zelebrieren, scheint für die Kinder nicht zu gelten.
Genau. Sicher ist das nicht überall so, aber viel zu häufig. Kleine Kinder werden abgefüttert, und zwar möglichst mit etwas Gesundem. Doch die Hauptproblematik für die Gestaltung der Essenssituation ist nicht Gesundheit, sondern Mangel an Respekt. Das finde ich merkwürdig, weil Kinder mit ihren Bedürfnissen, Interessen, Fragen und Kompetenzen in anderen Situationen schon viel stärker in den Blick genommen werden. Aber beim Essen – besonders bei den jüngeren Kindern, wie mir scheint – klappt da etwas zu. Als ob sich irgendwelche alten Denkmuster konserviert haben, von denen wir annehmen, es gibt sie nicht mehr. Mit autonomen Wesen würde man jedenfalls anders umgehen.

Was können Fachkräfte für mehr Selbstbestimmung während des Essens tun? Mal ganz konkret?
Am besten setzen sie sich gemeinsam mit den Kindern an den Tisch und essen nach Möglichkeit dasselbe wie die Kinder. Es ist eine schöne Gelegenheit, um Tischgespräche anzuregen, die über die reine Essensorganisation hinausgehen. Gut ist es, den Kindern die Sicherheit zu geben, dass sie eine Wahl haben: etwa wo und neben wem sie sitzen wollen, welche Bestandteile des Essens sie kosten und welche Menge sie trinken oder essen wollen. Sie sollten Geschirr, Besteck und Lätzchen aussuchen und beim Tischspruch oder den Liedern mitentscheiden können. Kinder wollen die Essensbestandteile gern sehen

und riechen können, bevor sie kosten. Auch sehr junge Kinder können – bei Bedarf natürlich mit unserer Assistenz – Essen auf den Teller füllen. Kein Kind sollte aufessen oder austrinken müssen. Damit die Kinder besser Inhalt und Füllhöhe des Servierten erkennen können, sind kleine durchsichtige Schüsseln, Becher und Kannen auf dem Tisch empfehlenswert. Kleine Servierkellen können auch junge Kinder handhaben. Alle Möbel und Hilfsmittel, die die Bewegungsfreiheit von Kindern einschränken, wie etwa Gitterbetten, Hochstühle oder Stuhlbretter, sollten ersetzt werden. So können Kinder sich selbst hinsetzen oder -legen und aus eigener Kraft auch wieder aufstehen.

Frauke Hildebrandt ist Professorin an der Fachhochschule Potsdam und lehrt im Fachbereich Sozial- und Bildungswissenschaften.

Mit der Studie **„Beteiligung von Kindern im Kita-Alltag" (BiKA)** wurde die Qualität in der Kindertagesbetreuung hinsichtlich der Beteiligung von Kleinkindern untersucht. Die Untersuchung fand von 2018 bis 2020 in 89 Kitas in Deutschland statt und wurde von Prof. Dr. Frauke Hildebrandt (Fachhochschule Potsdam) und Prof. Dr. Catherine Walter-Laager (Universität Graz gemeinsam mit der PädQUIS gGmbH) geleitet.
Mit Fokus auf die Jüngsten (1,5 -2,5 Jahre) wurden im Krippenbereich (U3) per Video aufgezeichnete Situationen analysiert und die pädagogischen Fachkräfte und Eltern zu ihren Erlebnissen, Erfahrungen und Einschätzungen befragt. Die aufgezeichneten und näher untersuchten Szenen sind Schlüsselsituationen im Kita-Alltag: Spielsituationen, dialogische Buchbetrachtungen und das gemeinsame Essen.
Die Ergebnisse von BiKA zeigen, dass Kinder ihren Kita-Alltag noch viel zu selten als partizipative Umgebung erleben, und viel zu häufig Erfahrungen machen, die den Kriterien von Partizipation teilweise direkt widersprechen.

Tipp: F. Hildebrandt, C. Walter-Laager, M. Flöter, und B. Pergande, „BiKA - Beteiligung von Kindern im Kitaalltag. Kurzbericht zur Studie.", Fachhochschule Potsdam und PädQuis gGmbH, 2021.
Download verfügbar unter: https://www.fruehe-chancen.de/fileadmin/PDF/Fruehe_Chancen/Bika_Studie_FH_Potsdam/Bika_Kurzbericht_web.pdf

„WIE SEHT IHR DAS?"

Text: Helena Armbruster,
Lisa Landeck, Katrin Macha,
Alexandra Ulrich-Uebel

Das Modellprojekt „Kinderperspektiven im Kita-Beirat"

Kinder müssen über Dinge, die ihre Lebenswelt betreffen, (mit)entscheiden können. Das ist nicht nur ihr Recht, sondern auch der pädagogischer Anspruch frühpädagogischer Bildungseinrichtungen, insbesondere im Situationsansatz.

Mit der Einführung des Kita-Beirats verankert das Bundesland Rheinland-Pfalz rechtlich die Erfassung der Kinderperspektive bei Entscheidungen, die in der Kita getroffen werden.

Doch wie kommen die Kinderperspektiven in den Kita-Beirat?
Und ist das gelebte demokratische Partizipation?

Mit dem neuen Gremium Kita-Beirat ermöglichte das Bundesland Rheinland-Pfalz die Implementierung institutioneller Beteiligungsstrukturen. Zwar sorgen nicht allein Strukturen dafür, Partizipation leben zu können, aber sie schaffen die Voraussetzungen dazu.

Die Partizipation aller Kindern im Kita-Alltag ist verbindlich und nicht verhandelbar. Allerdings muss die Erwachsenen-Pflicht mit dem Kinderrecht einhergehen.

Die Partizipationsrechte von Kindern gehen auf verschiedene rechtliche Grundlagen zurück. So spricht die UN-Kinderrechtskonvention in Paragraf 12 Kindern das Recht zu, sich eigene Meinungen zu bilden und sie zu äußern. Ihre Meinungen müssen berücksichtigt werden. Im achten Sozialgesetzbuch wird in Paragraf 45 festgelegt: Für die Betriebserlaubnis einer Kita sind Beschwerdeverfahren und institutionelle Beteiligungsformen nötig.

Paragraf 8 legt fest, dass Kinder sich entsprechend ihrem Entwicklungsstand an Entscheidungen beteiligen. Doch inwieweit die Meinung der Kinder gehört und ihnen die entsprechende Reife zugeschrieben wird, das schätzen Erwachsene ein. Wie kommen sie zu ihren Einschätzungen?

Das neue Kita-Gesetz in Rheinland-Pfalz, seit dem 1. Juli 2021 in Kraft, verpflichtet den Kita-Beirat, die im pädagogischen Alltag gewonnenen Perspektiven der Kinder zu berücksichtigen.[1] Er darf diese Perspektiven also nicht einfach antizipieren, sondern soll die Sichten und Meinungen, die Wünsche und die Entscheidungen aller

---

1 Auch Schleswig-Holstein hat das Gremium „Kita-Beirat" verbindlich für alle Kitas festgelegt. Allerdings wurde – im Unterschied zu Rheinland-Pfalz – die Erfassung und Berücksichtigung der Kinderperspektiven nicht gesetzlich verankert.

KIKIBe

Kinder einer Kita erfassen und in einem demokratischen Gremium verhandeln. Das ist die Pflicht der Erwachsenen im Kita-Beirat.

„MEINE STIMME ZÄHLT!"

Damit die Erwachsenen die Perspektiven der Kinder für den Kita-Beirat erfassen, sie verstehen und anderen Erwachsenen vermitteln können, braucht es eine Kultur der Partizipation in der Kita. Diese Kultur ermöglicht und verlangt, sich über Themen auszutauschen, die im Beirat besprochen werden. Darüber entscheiden Kinder mit, und die Resultate der Entscheidungen müssen für sie spür- und sichtbar sein.

An dieser Stelle setzt das Modellprojekt „Kinderperspektiven im Kita-Beirat" (KiKiBe) an, das in Kooperation mit der Stadt Ludwigshafen im Rahmen der „Offensive Bildung" (BASF SE) von Oktober 2021 bis Juni 2023 durchgeführt wird. Es begleitet und unterstützt elf Ludwigshafener Modellkitas bei der Einführung des Kita-Beirats und besonders bei der Erfassung der Kinderperspektiven.

Laut Gesetz sind im Kita-Beirat verschiedene Perspektiven von Kita-Akteur*innen vertreten: die Perspektiven der Kinder, der Eltern, der pädagogischen Fachkräfte, der Leitung und des Trägers. Pro Statusgruppe sind zwei Abgesandte vorgesehen, die die Meinungen und Interessen ihrer Gruppen vertreten. Dabei nimmt die Fachkraft für Kinderperspektiven im Kita-Beirat (FaKiB) eine besondere Rolle ein. Weil sie die Perspektiven der Kinder allein und nicht in einem Zweier-Team einbringt, hat sie kein Stimmrecht, sondern berät lediglich. Die nicht gleichberechtigten Stimmanteile der anderen Vertreter*innen im Beirat liegen mit 50 Prozent beim Kita-Träger, mit 20 Prozent bei den Eltern, mit 15 Prozent bei der Kita-Leitung und mit ebenfalls 15 Prozent bei den pädagogischen Fachkräften. Weil sich alle Kita-Akteur*innen an einem Tisch treffen, können sie die jeweiligen Perspektiven kennenlernen, Themen gemeinsam bearbeiten und entsprechende Empfehlungen entwickeln. Bei der Konsenssuche in einem offenen Diskurs werden Empfehlungen beschlossen, die strukturelle Grundlagen – zum Beispiel die Zusammensetzung der pädagogischen Gruppenstruktur oder das Programm der pädagogischen Arbeit der Kita – verändern und entwickeln.

Zwar ist der Kita-Beirat ein neues und unerfahrenes Gremium, aber darin liegt sein besonderes Potenzial. Alle Mitglieder können den Beirat, seine Arbeits- und Wirkungsweise mitgestalten. Sie können sich ausprobieren, ihre Wirkungsmacht in einem demokratischen Gremium erleben und diese Erfahrung in den Alltag der Kita tragen. So entsteht eine Wechselwirkung zwischen Kita-Praxis und Kita-Beirat: Die Bedingungen in der Praxis bestimmen die Themen des Beirats, und die Empfehlungen des Beirats formen die Praxis. Dadurch kann der Beirat auch Formen der Beteiligung und Partizipation berücksichtigen, die in den Kitas bereits praktiziert werden, und zur Entwicklung der Kita als kompetentes System beitragen. So entsteht ein neuer Ort des Austauschs und der Verständigung zwischen verschiedenen Sichtweisen und Bedarfen oder, mit anderen Worten, eine Verantwortungsgemeinschaft, in der die verschiedenen Sichtweisen als Grundlage für Entscheidungen dienen. Diese multiperspektivische Vorgehensweise kennzeichnet nicht nur den Situationsansatz, sondern beschreibt auch ein kompetentes System.

DAS MODELLPROJEKT

Leitend für die Umsetzung des Modellprojekts „Kinderperspektiven im Kita-Beirat" (KiKiBe) sind die Planungsschritte des Situationsansatzes: Erkunden – Entscheiden – Handeln – Reflektieren. Diese Schritte strukturieren auch das Vorgehen in den Schwerpunkten des Projektes, der qualitativen Begleitforschung in Form mehrperspektivischer Fallanalysen und der Fortbildungsreihe, bestehend aus vier Modulen.

Im ersten Schritt wurden Gespräche mit Vertreter*innen der elf teilnehmenden Kitas geführt, und im zweiten Schritt wurden Stimmen aus der Praxis der verschiedenen Kita-Akteur*innen – Kinder, Eltern/Familien, pädagogische Fachkräfte und Leiter*innen – zum Thema „Kita-Beirat" gesammelt. Die aus den Gesprächen und den Stimmen gewonnenen Erkenntnisse flossen in die Konzipierung der Fortbildungsreihe und in die Planung der Erhebungen im Rahmen der wissenschaftlichen Begleitung ein. Sie führten also zu Zielen für das weitere Vorgehen.

Das Kernstück des nächsten Schrittes – das Handeln – ist eine zehntägige Fortbildungsreihe, die im Laufe dieses Jahres in Ludwigshafen stattfindet und an der die Leiter*innen und die Fachberater*innen der Modellkitas (FaKiBs) teilnehmen. Ziel der Fortbildung ist unter anderem, gemeinsam Handlungsroutinen zur Erfassung der Kinderperspektiven zu entwickeln, um sie nach dem Abgleich mit den Kindern und Kolleg*innen in den Kita-Alltag zu implementieren.

Vor und nach der Fortbildungsreihe ist eine qualitative, multiperspektivische Erhebung in den Modell-Kitas geplant. Dabei werden Erkenntnisse aus dem Prozess der Einführung des Kita-Beirats gewonnen. Diese Erkenntnisse sollen die teilnehmenden Kita-Teams dabei unterstützen, die Perspektiven ihrer Kinder zu erfassen, sie in den Kita-Beirat einzubringen und die Kitas im Hinblick auf die Beteiligung von Kindern weiterzuentwickeln.

Im Schritt des Reflektierens wird es darum gehen, die gewonnenen Erfahrungen, Erkenntnisse und Ergebnisse der Begleitstudie für die Praxis aufzubereiten und nutzbar zu machen. Zu diesem Zweck sollen Handlungsempfehlungen verfasst, Praxismaterialien entwickelt und ein Forschungsbericht publiziert werden.

WAS PASSIERTE BISLANG?

Aufgrund der Pandemie war der Zugang zu den elf teilnehmenden Modellkitas aus Ludwigshafen zunächst nur aus der Distanz möglich. Um trotz der erschwerten Bedingungen einen Überblick über den derzeitigen Stand und den Unterstützungsbedarf der Modellkitas hinsichtlich der Implementierung des Gremiums Kita-Beirat zu erhalten, führten wir Gespräche mit allen Teams durch. Alle Teilnehmer*innen wirkten sehr motiviert und freuten sich auf das Projekt, weil sie Lust hatten, sich wieder mit der Qualität pädagogischer Arbeit auseinanderzusetzen. Da die inhaltliche Arbeit wegen vielfältiger organisatorischer Belange, bedingt durch die Pandemie, nicht mehr im Vor-

dergrund stand und steht, begriffen die Teams der Modellkitas ihre Teilnahme – und das neue Gremium Kita-Beirat – als Chance für einen Aufschwung, denn sie wollen die Zusammenarbeit in den Teams, aber auch mit den Eltern/Familien intensivieren und die Perspektiven von Kindern in der pädagogischen Arbeit so berücksichtigen, dass jedes Kind die Erfahrung macht: Ich kann mich beteiligen, ich werde gehört. Darüber hinaus berichteten sie, dass die Vertreter*innen für die verschiedenen Gruppen im Kita-Beirat in allen Einrichtungen gewählt wurden.

Der Beirat ist für alle Teilnehmer*innen ein neues Instrument der Beteiligung. „Wir alle sind Lernende", sagte eine Kollegin bei der Auftaktveranstaltung. Wie die Kolleg*innen das Gremium Kita-Beirat bewerten, belegen exemplarisch die Aussagen in den Sprechblasen auf der Seite 27.

Es zeigte sich, dass alle Kita-Akteur*innen das neue Beteiligungsinstrument positiv bewerten und es gern zum Anlass nehmen, die Auseinandersetzung mit den Themen „Partizipation" und „Demokratie" in ihren Einrichtungen voranzutreiben. Allerdings wurden auch Bedenken geäußert, das Gremium könne nur unter gewissen Rahmenbedingungen von qualitativem Wert für die pädagogische Praxis sein. Ein befragtes Kind sagte, der Beirat sei nur von Nutzen, wenn Kinder auch wirklich mitbestimmen und trotz ihrer indirekten Teilnahme etwas bewirken können. Dass die Stimmen der Kinder nicht nur gehört werden, sondern zählen – diesen Standpunkt unterstützte eine Fachberaterin, die die nicht verhandelbare, rechtliche Verbindlichkeit der Partizipation von Kindern am Kitageschehen betonte und erklärte: Es ist die Pflicht der Erwachsenen, Kinder als Rechtssubjekte wahrzunehmen, ihnen Demokratie als Alltagskultur erfahrbar zu machen, damit sie erleben, dass sie, gemeinsam mit anderen Menschen, Einfluss ausüben, etwas verändern und mitgestalten können.

Schon bevor wir mit den Fortbildungen begonnen hatten, war klar: Die Beteiligung der Kinder steht auf dem Prüfstand. Es bleibt abzuwarten, wie die Kolleg*innen in den Modellkitas daran weiterarbeiten und welche anderen Modelle sie intern für sich entwickeln. Dennoch gibt es bereits konkrete Vorschläge, wie das Gremium weiterentwickelt werden könnte. So wies eine Mutter darauf hin,

Damit das Recht jedes Kindes auf Mitbestimmung im Sinne der UN-Kinderrechtskonvention, Paragraf 12, tatsächlich umgesetzt werden kann, führte die Forscherin Laura Lundy die Begriffe Raum, Stimme, Hörerschaft und Einfluss ein: Kinder brauchen **Raum**, um sich ihre Meinungen zu bilden und sie auszudrücken. **Stimme** verweist darauf, dass Kinder unterstützt werden müssen, ihre Meinungen zu äußern. **Hörerschaft** heißt, die Meinungen zur Kenntnis zu nehmen. **Einfluss** beinhaltet, die Sichtweisen der Kinder aufzugreifen und angemessen darauf zu reagieren.
Wie setzen wir diese vier Aspekte um?
Was bedeuten sie für unsere Praxis?
Wie schaffen wir es, den Kindern Raum zu geben, damit sie sprechen und wir ihnen zuhören können? Was tun wir, damit die Kinder merken, dass wir sie hören?
Und was passiert eigentlich mit dem, was sie uns sagen?

„Wenn wir mitbestimmen dürfen, dann ist der [Kita-Beirat] cool."

(Kind)

„Die FaKiB sollte nicht nur beratend, sondern auch gleichberechtigt sein. Prozentverteilung ist nicht klar [...]"

(Pädagogische Fachkraft)

„Kinder sollen mitentscheiden, welche Fachkraft für sie im Kita-Beirat spricht!"

(Eltern)

„[...] für uns wäre das der Worstcase, wenn nichts dabei raus kommt!"

(Leitung)

„Kinder als Mitgestalter in einem offiziellen Gremium – ein weiterer Schritt der Demokratiebildung, Beteiligung der Kinder ist eine Pflichtaufgabe [...]"

(Fachberaterin)

dass die Kinder die Fachkraft, die sie im Beirat vertritt, selbst wählen sollen, denn das sei schließlich ein demokratischer Akt. Eine Pädagogin sprach sich dafür aus, dass die Fachkraft für Kinderperspektiven nicht ausschließlich eine beratende, also passive Rolle im Kita-Beirat einnehmen solle, sondern – wie auch alle anderen Vertreter*innen im Gremium – einen Stimmanteil bekommen müsse, weil das der aktiven Mitwirkung der Kinder entspreche. Außerdem könne erst von einer aktiven Teilnahme der Kinder gesprochen werden, wenn sie von zwei gewählten Kindern im Beirat vertreten werden.

AUSBLICK

Wir werden weiter darüber berichten, wie der Kita-Beirat und sein Umfeld sich entwickeln, und schauen, was in den Modellkitas passiert, wie die Kinder den Prozess erleben und wie der Beirat die Partizipationskultur und Demokratiebildung in den Kitas beeinflusst und verändert.

SPURENSUCHE: ADULTISMUS

Ein Beispiel aus der Arbeit des Modellprojekts „Kinderperspektiven im Kita-Beirat"

Person 1: „Darf ich auf die Toilette?"
Person 2: „Was ist, wenn ich jetzt nein sage?"
Person 1: „Dann mache ich mir in die Hose."

Was denken Sie, wenn Sie das lesen?
Wer ist in diesem Dialog das Kind und wer
die erwachsene Person?
Stellen Sie sich vor, Person 1 ist so alt wie Sie.
Wie wäre das?

Die Erwachsene in dieser Situation ist eine Pädagogin in einer Kita.

Sie ist irritiert, weil sie dachte, Darf-ich-Fragen von Kindern gäbe es in ihrer Kita schon längst nicht mehr. Als das Kind von der Toilette zurückkommt, bittet die Pädagogin es, noch mal miteinander zu reden. Andere Kinder, die den Dialog hören, werden neugierig. Sie setzen sich zusammen und tauschen sich darüber aus, warum Darf-ich-Fragen gestellt werden, was es bedeutet, wenn diese Fragen mit nein beantwortet werden, und welche Alternativen es gibt, wenn auf solche Fragen verzichtet wird.

Das Beispiel zeigt: In Kita und Schule kann es Kindern verwehrt werden, Grundbedürfnisse wie den Zugang zu frischer Luft, zur Toilette, zu Essen oder Trinken zu befriedigen. Es ist alltägliche Praxis und gesellschaftlich akzeptiert, diese Grundbedürfnisse aufgrund des Alters von Menschen einzuschränken oder zu regulieren. Das bedeutet: Erwachsene können Kindern ihre Grundrechte verwehren. In der beschriebenen Situation wird diese Macht der Erwachsenen in dem Wörtchen „dürfen" deutlich.

Denken frühpädagogische Fachkräfte darüber nach, löst das verschiedene Gefühle und Reaktionen aus: Betroffenheit, Schock, Abwehr, Traurigkeit, Ungläubigkeit, Mitgefühl. In dieser Bandbreite reagierten auch die Teilnehmer*innen des ersten Fortbildungsmoduls[1] im Modellprojekt „Kinderperspektiven im Kita-Beirat", als sie sich mit Adultismus, der ersten Diskriminierungsform, die Menschen häufig erfahren, vertiefend auseinandersetzten.

„ICH WEISS ES BESSER!"

Sätze Erwachsener wie „Das ist nichts für Kinder" oder „Dazu bist du noch zu klein" kennzeichnen Adultismus, ein diskriminierendes Verhalten Erwachsener gegenüber Kindern. Im Begriff Adultismus stecken adult, das englische Wort für Erwachsene, und die Endung -ismus, die auf ein in unserer Gesellschaft verankertes Machtsystem verweist. Oft wird von vornherein festgelegt, welche Themen für Kinder relevant sind, ohne die Kinder zu fragen oder zu beteiligen.

Adultismus bezeichnet demnach ein zwischen Kindern und Erwachsenen bestehendes Ungleichgewicht an Macht. Kinder erleben Erwachsene als die Bestimmer*innen, die den Alltag für die Kinder, aber nicht mit ihnen gestalten. Die Perspektiven, Meinungen oder Ideen der Kinder werden schlichtweg nicht „gehört", also ignoriert oder nicht ernst genommen – mit der Begründung, die Kinder seien zu jung dafür. Dies nimmt Kindern die Möglichkeit, ihre Bedürfnisse und Gefühle wahrzunehmen und zu verbalisieren. Das heißt: Die Stimme der Kinder wird herabgesetzt, sie scheint weniger wert zu sein als die Stimme der Erwachsenen.

Adultismus ist eine alltägliche Erscheinung, die Kindern vermittelt, dass die Diskriminierung von Menschen in unserer Gesellschaft legitim ist. So schafft Adultismus einen Nährboden für weitere Diskriminierungsformen, zum Beispiel Rassismus oder Sexismus.

---

1 Insgesamt besteht die zehntägige Fortbildungsreihe im Rahmen des Modellprojekts „Kinderperspektiven im Kita-Beirat" (KiKiBe) aus vier Modulen.

Das Erziehung-macht-Spass-Poster von Mike Weimann gibt es in acht Sprachen im wamiki-shop:
www.wamiki.de/shop

Adultismus ist nicht nur die erste Diskriminierungsform, die Kinder erfahren, sondern vermutlich eine Diskriminierungsform, die auch jede erwachsene Person erfahren hat.[2]

„WAS BILDEST DU DIR EIGENTLICH EIN?"

Wenn pädagogische Fachkräfte sich das Plakat von „GoToBedNow"[3] mit den Adultismus-Sätzen Erwachsener – in gelber Schrift auf rotem Untergrund – ansehen, sorgen allein schon die Signalfarben für eine starke Wirkung, und die Sprüche erinnern meist an die eigene Partizipationsbiografie. Auf dem Plakat sind Sätze zu lesen wie:

Musst du immer das letzte Wort haben?
Kannst du mir mal sagen, was das soll?
Was bildest du dir eigentlich ein?
Was soll bloß aus dir werden?
Schling nicht so!
Das hast du nun davon!
Schäm dich!
Das könnte dir so passen!
Geh mir aus den Augen!
Muss ich dir alles dreimal sagen?

Fachkräften wird bewusst, dass sie als Kinder selbst solche Sätze von Erwachsenen hörten, sie bis heute zügig abrufen und im Alltag reproduzieren können. Auch die mehr oder minder heftige Wirkung, die sie als Kinder verspürten, können sie noch heute nachempfinden: Diese Sätze lösen Wut, Druck, Erniedrigung, Sich-klein-Fühlen oder Weniger-wert-Sein als die Erwachsenen aus. Darüber hinaus manipulieren die Sätze indirekt, denn Kindern werden

2 Vgl. Winkelmann, Anne Sophie (2022): Ein Fortbildungsbuch zu Adultismus für Kita, Grundschule und Familie. edition claus. Vgl. Liebel, Manfred (2020): Unerhört. Kinder und Macht. Beltz Juventa
3 Weimann, Mike: https://gotobednow.com/impressum (Stand: 23. 3. 2022)

damit ihre Bedürfnisse aberkannt, sodass sie sich nicht als individuelle Subjekte ernst genommen fühlen. Ihre Meinung, ihre Perspektive zählt nicht oder weniger, da die Sätze keine Widerreden oder Alternativen zulassen.

Pädagog*innen äußern solche adultismusgeprägten Sätze in ihrem Arbeitsalltag. Auf diese mitunter schmerzliche Einsicht folgt die Reflexion, dass sie Erniedrigung selbst erfahren und adultimusgeprägtes Vokabular verinnerlicht haben. Auf dieses Vokabular greifen sie vor allem in Alltagssituationen zurück, die sie stressen oder überfordern – eine Erkenntnis, die die Fachkräfte erschüttert, belastet und irritiert, die aber auch befreiend und gewinnbringend wirken kann. Denn ein intensiver Reflexionsprozess birgt eine Chance und Entwicklungspotenzial: Sich in der pädagogischen Interaktion ganz bewusst selbst zu beobachten, das eigene Handeln im Team am Beispiel von Alltagssituationen zu reflektieren und Alternativen oder Routinen zu entwickeln, zu dokumentieren und in die pädagogische Praxis zu integrieren.

Würden Sie solche adultimusgeprägten Sätze wie „Ich will doch nur dein Bestes" oder „Das tut doch gar nicht weh" auch einer erwachsenen Person gegenüber äußern? Pädagogische Fachkräfte beantworten diese Frage meist mit einem klaren Nein.

Wenn Sie versuchen, anerkennende, stärkende und wertschätzende Aussagen zu formulieren, könnte Ihnen das nicht ganz leicht fallen, da diese Äußerungen nicht wie die beschämenden, erniedrigenden Sätze direkt abrufbar sind. Dies zeigt noch einmal, wie nachhaltig das Erleben adultimusgeprägter Aussagen wirkt.
Beispiele für positive Sätze sind:

Ich bin stolz auf dich.
Du bist stark.
Ich verstehe dich.
Ich mag dich, wie du bist.

In der Reproduktion von Adultismus spielen pädagogische Fachkräfte also eine wichtige Rolle. Das ist ihnen meist bewusst, und sie heben in diesem Zusammenhang hervor, dass sie persönlich erfahrene Erniedrigungen nicht weitergeben wollen. Auch wenn es noch viel zu reflektieren und zu verändern gibt, erkennen Fachkräfte, dass sie manches besser machen, als sie es selbst erfahren hatten.

Funktioniert der Arbeitsalltag gut, mit ausreichend Kolleg*innen in der Kita, mit Raum und Zeit für Austausch im Klein- und Großteam, dann gelingt der wertschätzende Umgang mit den Kindern besser als in schwierigen, stressigen und prekären Arbeitsumständen. Damit liegt die Verantwortung für die Qualität des pädagogischen Handelns nicht allein bei den frühpädagogischen Fachkräften, sondern auch bei den politische Entscheider*innen, die die Strukturen in Kindertagesstätten beeinflussen, zum Beispiel den Personalschlüssel oder die Gewährleistung von Zeit für mittelbare pädagogische Arbeit.

„ICH WILL, DASS DU MITBESTIMMST!"

Kinder brauchen Erwachsene, die ihnen ihre Partizipationsrechte zugestehen und mit ihnen eine demokratische Alltagskultur schaffen. Das verlangt von den Erwachsenen wiederum, Macht abzugeben, was nicht selten der Knackpunkt ist, weil es mit einem Gefühl von Kontrollverlust einhergehen kann. Wenn Kinder befragt werden und mitbestimmen, wohin der nächste Ausflug gehen soll, ist der Ausgang ungewiss. Das kann Unsicherheit oder Gedanken entstehen lassen, die die eigene Professionalität in Frage stellen. Es ist nicht leicht auszuhalten, dass Kinder Ideen haben, die auf den ersten Blick nicht realisierbar zu sein scheinen. Da hilft nur, neu und gemeinsam mit den Kindern zu überlegen, was für den Ausflug tatsächlich gebraucht wird. Zwar begibt sich die jeweilige Fachkraft damit erst mal auf unsicheres Terrain, kann dann allerdings erleben, welche Lernerfolge die Kinder erzielen und wie viel Entlastung in der gemeinsamen Gestaltung mit ihnen steckt.

Immer wieder wird gesagt, dass die Haltung der Pädagog*innen bestimme, ob Partizipation im Alltag frühpädagogischer Bildungsinstitutionen gelebt werden kann. Doch was macht eine partizipationsfreundliche Haltung

Das Modellprojekt
„Kinderperspektiven im Kita-Beirat"
(KiKiBe)

Info und Kontakt:
https://situationsansatz.de/modellprojekt-
kinderperspektiven-im-kita-beirat-
kikibe-2021-2023/

in der Interaktion mit Kindern aus? Werden Fachkräfte dazu befragt, fallen Schlagwörter wie: Zugewandtheit, zuhören, geduldig sein, sich Zeit nehmen, respektvoller Umgang, bedürfnisorientiertes Arbeiten, Meinungen und Ideen ernst nehmen, im Dialog sein und auf Augenhöhe interagieren. Der Anspruch ist hoch, und nicht selten äußern Fachkräfte, dass sie ihn bedeutsam, unverhandelbar und nachhaltig für die pädagogische Praxis finden.

WAS BRAUCHT GELEBTE PARTIZIPATION?

Im Rahmen des Modellprojekts „Kinderperspektiven im Kita-Beirat" kommen wir zu folgenden Schlussfolgerungen:

Kinder bewegen sich frei in der Kita.

Kinder explorieren frei und bestimmen selbst, was sie tun.

Kinder treffen Entscheidungen für sich.

Kinder treffen Entscheidungen für die Gemeinschaft.

Kinder denken für sich und gemeinsam mit anderen Menschen über das Zusammenleben nach.

Pädagogische Fachkräfte reflektieren das eigene Handeln im Kita-Alltag und geben sich und anderen Menschen Raum für Fehlerfreundlichkeit.

Pädagogische Fachkräfte nehmen sich Zeit, sind geduldig und begeben sich mit Kindern in offene, ungewisse oder unkontrollierbare Situationen.

Pädagogische Fachkräfte nehmen Kinder als Expert*innen ihrer Lebenswelt wahr und greifen ihre Bedürfnisse, ihre Perspektiven und derzeitigen Themen im Kita-Alltag auf.

Pädagogische Fachkräfte planen und agieren mit den Kindern, formulieren und reformulieren Regeln mit ihnen.

Pädagogische Fachkräfte teilen und geben Macht und Verantwortung ab.

Pädagogische Fachkräfte erkennen die Kinder als Rechtssubjekte an und betrachten ihre Rechte als verpflichtend und unverhandelbar.

FAZIT

Für pädagogische Fachkräfte ist eine vertiefte Auseinandersetzung mit der eigenen Partizipationsbiografie – Was habe ich als Kind erlebt und was prägt mich bis heute? – und mit dem Themenkomplex „Adultismus" aufschlussreich. Werden sie sich des eigenen pädagogischen Agierens bewusst und hinterfragen vermeintliche „Normalität", ist ein erster Schritt auf dem Weg zu gelebter Partizipation in der Kita getan. Und die braucht es, damit Kinder sich eine Meinung bilden, sie ausdrücken, die damit in Zusammenhang stehenden Entscheidungen für sich oder für die Gemeinschaft treffen und die Verantwortung für diese Entscheidungen mittragen können.

Bevor Kinder zu Demokrat*innen werden, brauchen sie Pädagog*innen in der Kita, die Adultismus in der Kita-Praxis reflektieren, Macht abgeben und Kinder nicht aufgrund ihres Alters diskriminieren.

3.

Ausssssssssatmen

AUFFÄLLIG DURCH DIE ZUKUNFT

Text: Michael Fink

Die Mode-Diagnosen für die 30er, 40er, 50er — bis in die 80er Jahre

Hach, die 90er!

Bine und Tine, die beiden Kita-Urgesteine, sitzen im Teamraum, lassen die Vergangenheit Revue passieren, und passend dudelt auf Radio Charivari James Blunt. Gerade erinnert sich Bine: „Weeste noch, als damals det mit dem Zappeln übaall in den Medien war? Dieset ASD?" Tine korrigiert: „ADS meinst du. Das gabs doch später als ADHS! Und dann hamse noch dit vaträumte ADS rausjebracht, so ne Art Soft-Version. Ob das noch wer hat?"

„Naja, in den Nullerjahren mit den janzen Autismus-Büchern wurde Asperger mit Inselbejabung modern …"

„… oder nicht diagnostizierte Autismusspektrumsstörung", ergänzt Tine. „Und jetzt quatschen alle von diesem Hochsensibiliätsding, wat wiederum…"

„… bei den Nachkommen der Hochbegabungs-Verdachts-Kinder aus den 80ern total in is", weiß Tine.

Luna starrt die beiden fasziniert an. Welchen Trend-Diagnosen werde ich wohl, fragt sich die Zweiundzwanzigjährige, in meinem gerade erst begonnenen Berufsleben begegnen? Gut, dass sie die zufällig im Teamraum ausliegende aktuelle Ausgabe von „wamiki" aufschlägt – und sofort über die Zukunfts-Trend-Diagnosen informiert ist.

SENSIBILITÄTS-DEFIZIT-SYNDROM
(SDS)

Rechtzeitig zu Lunas 25. Dienstjubiläum bringt der Sommer 2047 einen neuen Mode-Diagnosetrend: „Immer mehr Kinder sind niedrigsensibel", klagen Eltern und PädagogInnen. Niedrigsensiblen Kindern fällt es schwer, die Bedürfnisse anderer Menschen wahrzunehmen, geschweige denn zu befriedigen. „Werden unsere Kinder zu Muttertags-Vergessern?" fragt ein Bestseller aus dem Bösel-Verlag und nennt haarsträubende Beispiele von Kindern, die auch nach zwei veganen Eiskugeln mit Sahne nicht von sich aus „Danke" sagen oder nach dem teuren Familienausflug zum Freizeitpark behaupten, nicht den tollsten Tag ihres Lebens erlebt zu haben. Gegen Ende der SDS-Welle kommt gottlob heraus, dass ein Teil der Kinder quasi immun gegen schlimmere SDS-Formen ist: Eigene Kinder zeigen nur ab und zu Symptome (Situatives SDS), während MitschülerInnen, Nachbarskinder und von langjährigen PädagogInnen betreute Kinder „Dauer-SDS" zeigen. Als Folgekrankheit tritt häufig TUGM-NA-WIFD-GH-S (Total Undankbar Gegenüber Mir Nach Allem Was Ich Für Dich Getan Habe-Syndrom) auf.

DIGITAL-MEDIEN-DESINTERESSE-SYNDROM
(DMDS)

„Unsere Kinder leiden an Analoger Demenz", warnt der Hirnforscher Alfred Spritzer 2053 in seinem viel diskutierten Bestseller. Die Befunde sind besorgniserregend: Immer mehr Kinder betrachten Bildschirme nur flüchtig, starren danach stundenlang aus Fenstern oder praktizieren im sogenannten Analog-Raum eigenaktiv den „Handelnden Umgang". Dabei werden reale Objekte ohne dazwischen geschaltete Bildschirme berührt und bewegt.

„Weil Maltes Erzieherin sich für einige Minuten offline geschaltet hatte, konnte mein Junge heute unbemerkt an einen nicht demontierten Fenstergriff gelangen, ihn drehen und das Fenster auf Kipp stellen. Ganz ohne die App", berichtet eine Mutter fassungslos.

Schon schlagen Experten wie Lehrerverbandssprecher Dr. Luan Dimpfl-Moser Alarm: „Um sich sicher in der sogenannten Realwelt zu bewegen, brauchen Kinder jahrelange intensive Erfahrungen im virtuellen Raum."

MARIECHARLOTTISMUS-SYNDROM
(MCS)

„Marie-Charlotte ist kein Name, sondern eine Diagnose", titelt 2036 ein bekannter Eltern-Blog. Ein viel gelesener Artikel von Dr. Sara-Lara Schneidereit, Expertin für frühkindliche Verhaltensbesonderheiten, bringt Details zur Sprache: Die von MCS betroffenen Kinder leiden an einem Übermaß an Interesse für Musik-, Ballett-, Reit-, Frühenglisch- und Früh-Reiki-Kurse. Statt die Betroffenen und ihren „Schrei nach Frühbildung" wahrzunehmen, behandeln unsensible PädagogInnen – die leider allzu selten von diesem Syndrom betroffen sind – sie genauso wie sogenannte Standard-Kids. Die Folge: Schwere Unterforderungsschäden und Verlust des Interesses am Geigen- und Schachspiel zugunsten sogenannter Trivial-Beschäftigungen.

Die Anzahl neuer Mariecharlottismus-Diagnosen nimmt rapide ab, nachdem ein Netzwerk investigativ ermittelnder Vier- und Fünfjähriger feststellt: Alle Belege sind gefälscht – von einem von Frankfurt-Nordend, Berlin Prenzlauer-Berg und Hamburg-Ottensen operierenden Mami-und-Papi-Kartell. „Mir wurde nachgesagt, ich würde nachmittags freiwillig Brahms auf der Bratsche spielen. Lächerlich!" bricht Uwe-Kai (5) sein Schweigen.

SIMPLY-THE-BEST-SYNDROM
(STBS)

Jonathan Simply und Theodore „The" Best von der Richwood University Harlow veröffentlichen 2064 ein aufsehenerregendes Buch mit dem Titel „Ihr Kind, einfach unverbesserlich – Wie umgehen mit dem berechtigten Neid Ihrer Umwelt". Die Autoren legen den Fokus auf besonders intelligente, wirklich außergewöhnlich schöne, überaus talentierte und noch dazu stets flippig angezogene Kinder von besonderen Eltern, nämlich den Lesern des Buchs. Simply und Best fanden heraus, dass diesen Kindern ihre Einzigartigkeit systematisch abgesprochen wird – von sämtlichen Betreuungs- und Lehrpersonen, aber auch von Nachbarn, Spielplatzbekanntschaften und Gleichaltrigen. Eine Mutter klagt: „Die Fotos meines süßen Fratzes wurden auf Instagram nur dreimal geliked! Mikrotraumatisierung pur!"

Deshalb liefern Simply und Best nützliche Tipps für betroffene Eltern: Das Kind in einer teuren Privat-Kita oder -Schule anmelden, passende Zeugnisse und Entwicklungsberichte von Rechtsanwälten einklagen lassen, durch großzügige Spenden das Wohlwollen anderer Eltern erlangen, die dann dazu beitragen, störende MitschülerInnen aus Gruppen zu mobben. „Klingt hart", gestehen Best und Simply ein, „ist aber im Sinne Kindzentrierter Elternschaft logisch."

DEFIZIT-DEFIZIT-SYNDROM
(DDS)

Kurz bevor Luna in Rente geht, leider erst im Jahr 2085, macht schließlich das Defizit-Defizit-Syndrom die Runde. Die betroffenen Kinder zeichnen sich durch das vollständige Fehlen irgendwelcher Auffälligkeiten aus. „Entsprechend", schäumt ein Artikel auf Hocuspocus-online, „kommen die DDS-Kinder im Vergleich mit ihren AltersgenossInnen bei Fördermaßnahmen immer zu kurz, erfahren zu wenig übertriebene Fürsorge von den Eltern und werden von ihnen beim Spielplatz-Talk bisweilen verschämt verschwiegen. Die Folge: Das Versinken in immer größerer Unauffälligkeit mit der Gefahr, zum absoluten Dutzendkind zu werden. Der Alptraum aller Eltern!"

„VERHALTENS-AUFFÄLLIG"

Aha, da haben wir wieder ein verhaltensauffälliges Kind.
Wodurch fällt es auf?

Es rennt und hampelt, sitzt nie still, ist hyperaktiv. Es haut andere Kinder, schubst und beißt, ist aggressiv. Es will immer Bestimmer sein. Es kann sich nicht konzentrieren.

Es will beim Morgenkreis nicht mitmachen, sondern immer nur bauen, Fußball spielen oder ...

Es fordert ständige Beachtung, ist distanzlos. Es spielt den Kasper, will immer im Mittelpunkt stehen ...

Zunächst einmal: Der Begriff „verhaltensauffällig" trifft zu. Das Kind fällt durch sein Verhalten auf. Es fällt in irgendeiner Weise aus dem Rahmen, verhält sich anders als gewohnt oder üblich. Für sich genommen wäre das ja kein Makel. Anders zu sein als andere, etwas Besonderes zu tun oder aufzufallen, das könnte ja auch zur Konsequenz haben, besonders beachtet und anerkannt zu werden. Doch diesen Klang hat der Begriff „verhaltensauffällig" eher nicht. Wenn ein Kind als „auffällig" bezeichnet wird, dann meint das fast immer: Es ist „gestört".

Ob es wirklich gestört ist oder eher gestört wird – dieser Frage wird selten weiter nachgegangen. Abweichendes Verhalten stört und soll abgestellt werden. Deshalb sucht man schnell nach Ursachen. Am liebsten in der Familie.

WAS SIND TYPISCHE ERKLÄRUNGSMUSTER?

- Die Eltern setzen keine Grenzen.
- Die Eltern erwarten zu viel und setzen ihr Kind unter Leistungsdruck.
- Die Eltern sind extrem ängstlich.
- Die Eltern trennen sich gerade.
- Die Eltern kümmern sich vorwiegend um das jüngere Geschwisterkind.
- Die Eltern haben kein Interesse an ihrem Kind und parken es vorm Fernseher. Es bleibt zu lange in der Kita, ist morgens das erste und abends das letzte Kind. Es wird mit Konsum überschüttet, aber Zuwendung ist Mangelware.
- Die Mutter (...) ist völlig überfordert.
- Die Mutter (...) ist alleinerziehend.
- Die häuslichen Verhältnisse sind beengt, von Gewalt geprägt oder ...
- Kein Wunder, wenn das Kind verhaltensauffällig ist.

DER DRUCK NIMMT ZU

Solchen Aussagen liegen häufig Vorstellungen über Familie und .richtiges. Elternverhalten zugrunde, die sich am idyllischen Bild der traditionellen mittelständischen Kleinfamilie orientieren. Diesem Bild entsprechen immer weniger Familien. Die Frage nach der Lebenssituation des Kindes in seiner Familie, nach der Situation der Familie überhaupt ist zweifellos wichtig.

WAS SIND ÜBLICHE KONSEQUENZEN?

Das Kind wird ermahnt, reglementiert, manipuliert, „sanft" gezwungen, ruhiggestellt, bestraft, abgesondert … Dauerkonflikte und Dauerbelastungen bleiben in aller Regel erhalten. Eltern werden zum Gespräch gebeten. Es wird ihnen ein Besuch beim Therapeuten, beim Kinderarzt oder bei der Familienberatung empfohlen. Sie bekommen ein schlechtes Gewissen, weil ihr Kind nicht so funktioniert, wie es soll. Sie machen sich Sorgen, geraten unter Druck und erhöhen den Druck auf das Kind.

Häufige Vermutung: ADHS. Erleichterung, wenn das bestätigt und mit Pillen behandelt wird. Jetzt weiß man endlich, was mit dem Kind ist. Es ist krank!

AKZEPTANZ VON DIFFERENZ? FEHLANZEIGE!

Auffallend bei den üblichen Beschreibungen und Interpretationen: Vor allem Jungen bekommen den Stempel „verhaltensauffällig": Ihre ausladenden Spiele, ihre lautstarke Präsenz, ihr Übermut, ihre Lust am Kräfte-Messen und ihre überhaupt schwer zu bändigenden Kräfte sind für viele Frauen befremdlich. Männern hingegen fällt das weniger unangenehm auf, denn sie erinnern sich...

Auffallend ist auch: Lautstärke und Bewegungsfreude sind eher ein Grund für pädagogische Besorgnis als leises Elend. Das fällt weniger auf.

Und daran fällt auf: Nicht die Not eines Kindes steht im Zentrum der Aufmerksamkeit.

Nicht das Problem, das es hat, führt zu weiteren Überlegungen, sondern das Problem, das es macht. Erwachsene machen sich vor allem dann Sorgen, wenn ein Kind von der Norm abweicht, wenn womöglich etwas nicht „stimmt" und deshalb besondere Förderung notwendig wird.

Übrigens: Auch Erwachsene, die aus dem Rahmen fallen, bekommen schnell einen Stempel verpasst. Die Bereitschaft zur Akzeptanz von Differenz ist trotz wachsender Individualisierung und Vielfalt von Lebensformen noch immer nicht sehr ausgeprägt. Warum sollte das in der Kita anders sein? Sollte es? Es sollte.

WAS IST UNSER PART?

Professionelle Pädagoginnen und Berater sind sich meistens einig. Selten kommen Zweifel auf. Doch vermeintliche Gewissheiten in Frage zu stellen ist ein Schlüssel zum Verstehen.

Ein weiterer Schlüssel liegt darin, in Beziehung zum Kind zu gehen und ein dritter in der kritischen Frage nach der eigenen Wahrnehmung und Interpretation.

Wenn wir Kinder wirklich in ihrer Entwicklung unterstützen wollen, müssen wir uns auf sie einlassen, genau hinschauen, zuhören und nachfragen. Wir müssen ihre Verhaltensweisen als das sehen, was sie sind: ihre individuellen Antworten auf die Umstände ihres Lebens. Wir müssen ihre Signale zu verstehen suchen, um angemessen reagieren zu können.

Wir dürfen den Blick dabei nicht allein auf das Kind und sein familiäres Umfeld richten, sondern auch und vor allem auf seine Situation und die Bedingungen in der Kita:

- Wo ist die Not des Kindes? Was bewegt das Kind? Welche Gefühle können wir erkennen?

- Fühlt es sich eventuell in seinem Tun gestört? Kann es seine Spiele oder Forschungen in Ruhe zu Ende führen? Findet es die Dinge vor, die es interessieren? Findet es genügend Herausforderungen in der Kita, die seine Neugier befriedigen oder wecken?

- Anders geschaut: Was ist an diesem Kind besonders liebenswert? Durch welche Fähigkeiten und Interessen fällt es besonders auf?

Und: Was ist mein Anteil daran, dass die Beziehung zu diesem Kind schwierig ist? Was stört mich?

Zugespitzt: Wo liegen meine, unsere Verhaltensalternativen?

Die meisten Kinder verbringen einen großen Teil ihres wachen Lebens in der Kita. Hier machen sie Erfahrungen mit Beziehungen und Strukturen. Hier erleben sie Achtungund Beachtung ihrer Besonderheit – oder auch nicht. Hier machen sie prägende Erfahrungen, die für ihr Selbstbild von Bedeutung sind.

Die Frage ist also vor allem: Was ist unser Part?

Was können wir dazu beitragen, dass sich jedes Kind gesehen und geachtet fühlt – so, wie es ist, und nicht so, wie es sein soll, aber leider, leider noch immer nicht ist. Was können wir tun, um bedenkliche Entwicklungen zu erkennen? Wir müssen uns ernsthaft damit auseinandersetzen, wie Kindern geholfen werden kann, die unglücklich sind, desinteressiert wirken, ständig in Konflikte geraten, ausgegrenzt werden oder deren Entwicklung stagniert.

Und was ist noch bedenklich? Wenn ein Kind den Stempel „verhaltensauffällig" bekommt. Das hilft ihm nicht, es schadet nur.

Deshalb lassen Sie uns den Begriff mitsamt der daran hängenden Scheingewissheit an einen dicken Stein binden und über Bord werfen. Platsch...

wamiki-Tipp:

Begriffe versenken. Was ist das für ein Spiel? In unserer pädagogischen Alltagssprache benutzen wir häufig Begriffe, die nicht mehr auf der Höhe der Zeit sind. Oft sind sie auch nicht auf der Höhe dessen, was wir tatsächlich tun.

Lassen wir uns auf den Gedanken ein, die Gewohnheitswörter der pädagogischen Szene auf ihren Gehalt zu überprüfen, kommen wir gar nicht mehr aus dem Versenken und Waschen heraus. Denn in den meisten Begriffen stecken längst überholte Rollen- und Berufsbilder. Kein Wunder, Sprache verändert sich. Aber nur allmählich. Der erste Schritt ist, das Unsichtbare sichtbar zu machen. Dazu sollen die in diesem Buch gesammelten Beispiele dienen. Gespielt wird mit pädagogischen Unwörtern von A wie Abholen über E wie Elternarbeit, H wie Haltungsänderung bis Z wie Zielvereinbarungen.

In manchen Fällen reicht es, Begriffe gründlich zu waschen und neu gestärkt wieder ins Rennen zu schicken. Vielfach aber hilft nur noch eins: Über Bord damit, und zwar dort, wo das Meer des Vergessens am tiefsten ist.

Das Pädiawiki von A bis Z:
Abholen, Aktivitäten, Am Kind arbeiten, Angebote, Ansatz, Beibringen, Beschäftigung, Bespielen und beschulen, Bezugskinder, Bildungsfern, Bildungsinsel, Bilder vom Kind, Elternarbeit, Elternteile, Freispiel, Fremdbetreuung, Ganzheitlichkeit, Häschen und Mäuschen, Haltungsänderung, Kostenhappen, Lernanfänger, Lob und Tadel, LOB: Leistungsorientierte Bezahlung, Nullen, Räumlichkeiten, Sauberkeitserziehung, Schlafwache, Schulfähigkeit, Schwächen, Toleranz, U3, Vergleichsarbeiten, Wachkinder, Wertschätzung, Zielvereinbarungen, Zum Schluss: Pädagogen!

Gerlinde Lill: Begriffe versenken
Sinn und Unsinn pädagogischer Gewohnheitswörter
Die 2., erweiterte Auflage, 156 Seiten, mit Cartoons von Tasche, kostet 19,90 Euro und kann im shop bei wamiki (www.wamiki.de) bestellt werden (ISBN 978-3-945810-81-1).

UMETIKETTIEREN BITTE!

NEU!

Hast du dich auch schon mal gefragt, wie ein „normales" Kind zu einem „auffälligen" Kind wird? Oft passiert das schleichend … und mit der Sprache fängt es an. Denn Sprache schafft Bedeutung. Wie wäre es wohl, wenn wir dem bisher Eingeschliffenen und täglich Gehörten eine neue Bedeutung geben würden?

Die Methode des Umdeutens schafft die Möglichkeit, diese inneren Landkarten zu verändern, sodass bei den „Auffälligen" neue, andere und effektivere Verhaltensweisen möglich werden.

Es geht darum, Verhaltensweisen in einem neuen Kontext zu betrachten, so dass diese eine andere Bedeutung bekommen.

Ein Beispiel: Der Bundeskanzler harrt aus, ohne eine Entscheidung zu treffen.

Die Opposition könnte ihm nun fehlende Entscheidungsfreude unterstellen, während die eigene Partei vielleicht die Besonnenheit oder ein gründliches Abwägen der Alternativen thematisiert.

Kurz zusammengefasst: Während die eine Seite das Verhalten als Schwäche rahmt, interpretiert die andere Seite das Verhalten als Stärke.

Auch im Kita-Kontext lassen sich neue Realitäten und Handlungsoptionen durch Sprache schaffen. Das auffällige Verhalten eines Kindes wird zum Beispiel als nützlich uminterpretiert, weil es die Familie zusammenhält.

Zum Weiterlesen: Boeckhorst, Frans u. a. (Hrsg.): Strategische Familientherapie. Verlag modernes lernen. Der niederländische Psychologe und Systemiker Frans Boeckhorst erforscht seit vielen Jahren die Wirkungszusammenhänge und Verhaltensmuster in sozialen Systemen. Auf Grundlage seiner Erkenntnisse, die er in einer „dynamischen Systemtheorie" zusammenfasste, entwickelte er einen eigenwilligen, integrierten Beratungsansatz, der Familien und Unternehmen dabei unterstützt, Krisensituationen erfolgreich zu meistern und Veränderungsprozesse als Gelegenheit zur Entwicklung zu nutzen und zu gestalten.

Und jetzt du!

Welche Fähigkeiten können hinter folgenden Verhaltensweisen stecken? Finde eine positive Übersetzung.

VERHALTEN	UMETTIKETTIERT
ängstlich sein	…
viel herumzappeln	…
alles bestimmen wollen	…
sich dauernd streiten	…
selten teilen	…
anhänglich sein	…
sich zurückziehen	…
sich nicht entscheiden können	…
vieles kontrollieren wollen	…
laut sein	…
ständig fragen	…
impulsiv sein	…
nicht reagieren	…
sich verweigern	…

Wenn du das nächste Mal in der Teamsitzung bist, beschreibe das Verhalten der Personen durch Fähigkeiten und schau mal, wie die anderen reagieren. Ändert sich etwas für euch?

Gehscheißchen und Dosenbrot...

Es war einmal im Zwergenland
ein Zwerglein außer Rand und Band.

Gehscheißchen setzt ihn auf den Topf,
der Zwerg doch haut ihn auf den Kopf!
Lieb Dosenbrot ein Stüllchen schmiert,
Darauf der Zwerg keck uriniert.

Trotzdem versuchen sie's mit Liebe,
und ernten doch nur garst'ge Hiebe!

Der Zwerg bleibt böse und auch laut!,
treibt Dosenbrot bald ins Burnout.
Gehscheißchen ist längst nicht mehr fit...
So klappt die Inklusion - zu dritt!

Schlimm's Märchen

TASCHE

WENN WILKO WÜTEND WIRD...

Text: Michael Fink

„Das kann man doch nicht durchgehen lassen!"
Große Aufregung in der Kita „Regenbogen", in der Du Erzieher*in bist. Folgende Situation gehört zum Alltag: Die Kitagruppe macht sich auf den Heimweg vom Spielplatz.

Es gibt eine klare Regel: Die Großen laufen, die Krippis werden in den Schiebewagen gesetzt. Wilko gehört definitiv zu den Großen. Trotzdem setzt er sich schnell in den Wagen. Auf ein freundliches „Wilko, komm raus!" reagiert er erst nicht. Als er aus dem Wagen gehoben wird, wirft er sich auf den Boden und brüllt los. Nicht schon wieder, denken Erzieher*innen und Kinder, denn Wilkos Gebrüll, wenn er seinen Willen mal nicht kriegt, ist legendär.

Was tust Du?

JETZT HART BLEIBEN, SAGT HERA.

Was ich tue? Möglichst wenig! In den Momenten, in denen Wilko ausrastet, geht es vor allem darum: Ihm zeigen, dass er damit nicht durchkommt. Klar, dass er schon lange gelernt hat: Wenn ich auf Kommando richtig wütend werde, bekomme ich meinen Willen. Bei seinen Eltern hat er mit dieser Strategie offensichtlich Erfolg. Das sieht man jeden Nachmittag beim Abholen: Er kommt erst mit, wenn ihm mindestens drei Kugeln Eis und ein extralanger Spielplatzbesuch versprochen werden. Können seinen Eltern gerne machen – aber wir sind dafür da, ihm zu zeigen, dass man im Leben so nicht weiterkommt. Deswegen bleibe ich, wenn er heult und krakeelt, möglichst ungerührt. Damit er spürt: Mit dieser Strategie komme ich nicht durch.

SEIN PROBLEM ERNST NEHMEN, SAGT PIA.

Kann man auf Knopfdruck wütend werden, wie Hera glaubt? Jeder Wutausbruch ist eine Art Kontrollverlust, und wenn man die Kontrolle verliert, kann man wohl kaum Strategien umsetzen. Wilko zeigt mit seiner Wut vor allem Hilflosigkeit: Er kann mit Enttäuschungen ganz schlecht umgehen, und deswegen gerät er selbst bei solchen idiotischen Dingen wie der Fahrt mit dem Wagen in einen Ausnahmezustand, in emotionale Not.

Ich finde fatal und völlig verkehrt, ihm in solchen Momenten nicht beizustehen. Mein Job ist doch nicht, die Kinder möglichst schnell vom Spielplatz zur Kita zu bringen und immer alle gleich zu behandeln, egal, wo sie gerade stehen. Deswegen nehme ich mir in Momenten, in denen Wilko wütend wird, Zeit für ihn. Ich nehme ihn in den Arm und helfe ihm, runterzukommen. Wenn er dazu bereit ist, reden wir über den Moment, aber vor allem auch über die Wut, die er den Tag über angesammelt hat. Danach ist er in der Regel ziemlich entspannt.

IM WAGEN SITZEN LASSEN UND LOSFAHREN, SAGT SÖREN.

Ich sehe das vor allem pragmatisch: Einer hält die ganze Gruppe auf, aus welchem Grund auch immer. Alle anderen Kinder müssen warten. Klar könnte man jetzt auf Wilko einreden, eine Machtdiskussion anfangen, ihm gut zureden… Aber dann litten alle anderen Kinder darunter. Wenn es Wilko mit seinem Theater darum geht, im Mittelpunkt zu stehen, hätte er sein Ziel voll erreicht.

Meine Lösung ist ziemlich easy: Ich lass ihn im Wagen sitzen. Dann ist er ruhig, die anderen Kinder müssen nicht warten und aushalten, dass es wieder mal nur um Wilko geht. Klar lernt Wilko in dem Moment nicht, dass man nicht immer seinen Willen kriegt. Aber für dieses Lernziel gibt's doch genug andere Momente im Leben. Und wahrscheinlich findet er es bald uncool, mit den Minis im Wagen zu sitzen, statt mit den älteren Kindern zu laufen.

BEOBACHTEN UND DIAGNOSTIZIEREN, SAGT KLARISSA.

Kinder wie Wilko, die ihre Wut immer wieder nicht im Griff haben, brauchen Hilfe. Hilfe, die über das hinausgeht, was wir im Kita-Alltag leisten können. Ich schlage vor, ihn zu beobachten, Notizen zu machen und fachliche Beratung zu suchen. Vielleicht ergibt sich ja Förderbedarf. Es macht doch keinen Sinn, dass wir als Kita-Team bei jeder psychischen Auffälligkeit der Kinder versuchen, das mit unseren Mitteln zu „behandeln". Womöglich richten wir dabei sogar Schaden an.

Was denkst Du?
Wie würdest Du handeln?

EGAL, WAS IST – KOMMT ZU MIR!

Kita-Sozialarbeit gibt es noch nicht lange. Was ist das, was bringt es? Warum ist es wichtig?

Wamiki fragte Christina Wiethüchter, Kita-Sozialarbeiterin, und Yvonne Quittkat, Fachberaterin, die Bescheid wissen.

Was verbirgt sich eigentlich hinter dem Begriff „Kita-Sozialarbeit"?

Yvonne Quittkat:
Kita-Sozialarbeit ergänzt den Bildungs- und Erziehungsauftrag der Kindertageseinrichtung durch sozialpädagogische Angebote und Methoden. Die Grundidee entstammt der Schul-Sozialarbeit. An Konzepten wird gegenwärtig bundesweit gearbeitet, aber es gibt ein paar Standards, die wichtig sind: Die Arbeit ist niedrigschwellig angelegt und richtet sich an Familien, deren Bedarfe sich so verändert haben, dass Erzieherinnen oder Erzieher sagen: Zu gucken, was in den Familien alles los ist, Sozial- und Erziehungsberatung zu machen, für Kinderschutz einzutreten – all dem können wir nicht gerecht werden.

Auffälligkeiten bei Kindern gehen meist auf die Familie, das Elternhaus zurück. Aber eine Erzieherin sagte mal: „Ich kann mich doch nicht auch noch um die Eltern kümmern." Also ist Kita-Sozialarbeit eine Art Feuerwehr, die angesaust kommt, wenn es brennt?

Yvonne Quittkat:
Eben nicht! Christina arbeitet ja in der Kita. Da sagt

niemand: „Oh, in der Familie läuft was nicht gut, geh mal schnell hin." Oder verstehst du dich etwa als Feuerwehr?

Christina Wiethüchter:
Nein. Aber die Herausforderungen haben sich tatsächlich geändert, weil neue Themen und Problematiken dazukommen. Und auch der Anspruch an die Arbeit hat sich geändert, denn das Berliner Bildungsprogramm fordert uns auf, familienergänzend zu arbeiten, also nicht allein die Kinder im Blick zu haben, sondern Erziehungspartnerschaften mit den Eltern einzugehen, wo möglich, und die Kinder gemeinsam zu begleiten. Auch da beginnt Kita-Sozialarbeit.

Ist es denn wirklich möglich, die Familien im Blick zu haben? Ist das nicht eine Überforderung für pädagogische Fachkräfte?

Christina Wiethüchter:
An manchen Stellen bestimmt. Oft kriegen Erzieherinnen Beziehungskonflikte der Eltern mit. Oder es fällt auf, dass die Familien sehr belastet sind. Wie soll die Fachkraft da reagieren? Sie kann die Eltern nicht begleiten, hat ja kaum Zeit, ihnen wirklich immer zuzuhören. Da ist es hilfreich,

wenn sie sagen kann: „Wollt ihr euch vielleicht mal an Christina wenden?" Oder die Leute kommen von selbst.

Yvonne Quittkat:
Es gibt unterschiedliche Konzepte. In Berlin-Spandau zum Beispiel kommt die Kita-Sozialarbeiterin von außen, ist bewusst nicht Teil des Teams, sondern nur punktuell in den Kitas präsent. Trotzdem hat sie Kontakt zu den Teams.

Bei uns ist es anders. Die Kita-Sozialarbeiterin ist Teil des Teams, um niedrigschwelliger agieren zu können. Sie ist einfach da, also sichtbar. Als Mutter könnte ich sie auch ohne den Tipp einer Erzieherin ansprechen.

Du hattest gefragt, ob Sozialarbeit nicht eine Überforderung für Erzieherinnen ist. Zumindest ist es eine große Forderung, die Familien und deren Hintergründe immer mitzudenken. Das braucht Knowhow. Aber bei Kindern unter sechs Jahren geht es gar nicht anders. Wenn du eine besondere Situation verstehen willst, brauchst du immer auch ein Stückweit die Familien. Deswegen haben wir gesagt: Die Kita-Sozialarbeiterinnen sollen unbedingt in den Kitas sein, um eine Art Schnittstelle zu bilden und für Blickwinkel-Erweiterung sorgen zu können. Ist eine Situation stressig, können Erzieherinnen erst mal mit der Kita-Sozialarbeiterin sprechen, sie fragen, was geht und was nicht geht, und sich Unterstützung bei dem holen, was stark fordert.

Kannst du mal so eine Situation beschreiben, Christina?

Christina Wiethüchter:
Bei uns hatte eine Mutter phasenweise große Schwierigkeiten, ihre Kinder in die Kita zu bringen. Oft kam sie zu spät oder gar nicht und vergaß vieles. Für die Erzieherinnen war es schwer, sich da reinzudenken, und für die Kinder erst recht.

Aus unterschiedlichen Gründen hatte ich mit der Mutter schon immer mal Kontakt. Sie suchte das Gespräch, klagte über Schmerzen und sagte, dass sie vieles nicht schaffen kann. Eines Tages brach sie vor der Kita zusammen – der Kreislauf machte schlapp. Mir erzählte sie, dass es morgens immer so stressig ist und sie mit den Kindern nicht rechtzeitig loskommt. Da fragte ich: „Würde es dir helfen, wenn ich morgens mal dazukomme und wir uns die Situation angucken? Vielleicht kann ich dir Tipps geben, oder wir überlegen uns zusammen was." Sie war einverstanden, und so lernten wir uns besser kennen.

Für die Mutter war Heimweh ein großes Thema. Sie kam aus der Türkei und war noch nicht lange in Berlin. In ihrer Heimat lebte sie mit zehn Geschwistern zusammen und erklärte mir, dass sie nicht weiß, was man hier von ihr als Mutter erwartet, weil sie diese Rolle in der hiesigen Form nicht kennt und immer unter Druck steht. Da wir oft miteinander sprachen und ich sie begleiten konnte, entspannte sich die Situation. Mittlerweile ist eines der Kinder schon in der Schule.

Wenn man ein bisschen mehr von den Familien weiß, hat man ein anderes Verständnis für gewisse Probleme und kann dann auch anders auf die Kinder zugehen. Denn für die Kinder ist es schwer auszuhalten, wenn sie merken, dass Konflikte entstehen. Sie sind froh, wenn sich die Situation entspannt und es wieder ein Miteinander gibt.

Dass es für die Kinder besser wird, das ist ja das Ziel von Sozialarbeit in der Kita. Und das Agieren mit den Eltern ist ein Mittel, um diesem Ziel näher zu kommen, richtig?

Christina Wiethüchter:
Ja. Wenn es den Eltern besser geht, geht es auch den Kindern besser.

Yvonne Quittkat:
Das heroische politische Ziel dieser Arbeit ist: mehr Chancengleichheit. Wenn man liest, dass in Berlin jedes dritte Kind von Armut betroffen ist, haben wir alle damit zu tun.

Wie könnte man dieses heroische Ziel erreichen?

Yvonne Quittkat:
Indem wir Teilhabe ermöglichen und uns fragen: Wie können wir Familien, und damit die Kinder, dabei unterstützen, Teil zu haben mit den Ressourcen, die sie mitbringen?

Christina Wiethüchter:
Dazu gehört auch Barrierefreiheit. Tagtäglich fällt mir auf, an wie vielen Punkten Menschen nicht mitgenommen werden. Ob das komplizierte Anträge sind, die ausgefüllt werden müssen, oder neue Regelungen, die schwer verständlich sind. Wie vermitteln wir das Familien, die die deutsche und erst recht die bürokratische Sprache nicht gut verstehen?

Diese Sprache verstehen viele deutsche Familien auch nicht.

Christina Wiethüchter:
Ja, die haben auch oft Probleme mit dem Amtsschimmel.

Yvonne Quittkat:
Aber es wird erwartet, dass die Eltern sich darum kümmern. Zum Beispiel um die Schulanmeldung. Das wollen sie auch, aber sie wissen nicht, wie. Deshalb hat eine Kollegin in Berlin-Wedding solche Formulare sprachlich vereinfacht: Was steht an? Wo? Wie kann es erledigt werden? Und all das unter Pandemie-Bedingungen.

Christina Wiethüchter:
Wir haben dazu auch die Stadtteil-Mütter eingeladen, Infostände vor der Kita aufgebaut, die Familien informiert und gefragt: Habt ihr die Briefe von den Schulen erhalten? Habt ihr noch Fragen dazu?

Wie verbreitet ist Kita-Sozialarbeit eigentlich in Berlin?

Christina Wiethüchter:
Wir haben eine Berlin-weite AG für Kita-Sozialarbeit, die in Spandau ins Leben gerufen wurde. „Outlaw" war meines Wissens der erste Träger, der eine Kita-Sozialarbeiterin an manchen Standorten fest an eine Kita gebunden hat. Ansonsten sind die Kolleginnen meist für mehrere Kitas zuständig und befristet angestellt. Wahrscheinlich gibt es aber Kita-Sozialarbeiterinnen, von denen wir nichts wissen, weil die Vernetzung erst beginnt. Auf jeden Fall werden wir immer mehr.

Und wer finanziert Kita-Sozialarbeit?

Yvonne Quittkat:
Im Moment wird das über die Sachkosten finanziert. Das heißt: Von der Senatsseite gibt es keine Finanzierung dafür. Aber im Berliner Koalitionsvertrag steht, dass geprüft wird, ob Kita-Sozialarbeit verstetigt, also die Finanzierung sichergestellt werden kann.

Wie viele Kita-Sozialarbeiterinnen gibt es bei eurem Träger?

Christina Wiethüchter:
Wir sind mittlerweile fünf Kolleginnen in vier Kitas des Verbandes.

Sind das Kitas an sozialen Brennpunkten?

Christina Wiethüchter:
Ja, aber ich würde das gern von den sozialen Brennpunkten trennen. Bestimmte Einrichtungen – Schulen oder Kitas – haben so einen Stempel: sozial schwach und problembehaftet. Ich kann es nachvollziehen, dort anzufangen, aber ich glaube, dass es in allen Kitas Bedarf gibt und Kita-Sozialarbeit überall angeboten werden, also nichts Exklusives sein sollte.

Außerdem würde ich Kita-Sozialarbeit nicht nur an Armut und Migration binden. Meine Erfahrungen besagen: Unterstützungsbedarf hat nicht immer mit finanziellen Problemen zu tun. Auch wohlhabende Leute brauchen mal Beratung. Und zwar zu ihren Themen.

Yvonne Quittkat:
Zum Beispiel zu vorurteilsbewusster Bildung und Erziehung…

Christina Wiethüchter:
… oder zum Thema „Geschwister". Immer wieder sind Eltern verzweifelt, weil das ältere Kind Schwierigkeiten macht, wenn plötzlich ein Baby da ist. Sie wissen nicht, wie sie damit umgehen sollen. Diese Unsicherheit hat nichts mit Transferleistungen oder knappen Budgets zu tun. Auch das Thema „Medienkonsum" mit all seinen Facetten beschäftigt viele Eltern, besonders wenn es ältere Geschwister in der Familie gibt, oder der Umgang mit Krankheit und Verlust. Solche Themen können Eltern zwar auch mit Erzieherinnen besprechen, aber die verweisen auch gern auf uns, denn dabei spielt Vernetzung eine große Rolle. Wir arbeiten in unterschiedlichen Gremien mit und wissen, was es für Beratungsangebote gibt. Deshalb können wir Flyer oder Empfehlungen gezielt weitergeben, damit die Eltern erfahren, wohin sie sich wenden können, falls es weiterreichenden Bedarf gibt.

Yvonne Quittkat:
Doch wenn sie mit ihren Problemen oder Fragen zu jemandem gehen können, der dort arbeitet, wo ihre Kinder sowieso jeden Tag sind, ist das ein großer Vorteil – gerade angesichts unserer immer komplexer werdenden Welt.

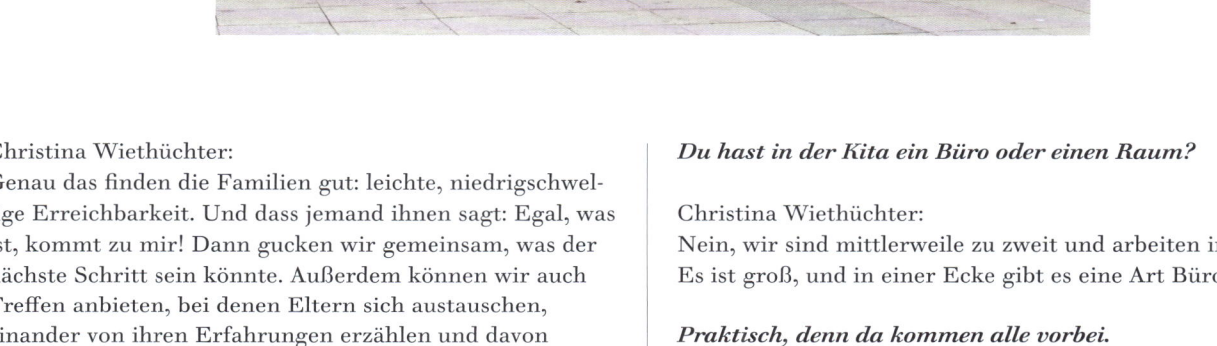

Christina Wiethüchter:
Genau das finden die Familien gut: leichte, niedrigschwel-
lige Erreichbarkeit. Und dass jemand ihnen sagt: Egal, was
ist, kommt zu mir! Dann gucken wir gemeinsam, was der
nächste Schritt sein könnte. Außerdem können wir auch
Treffen anbieten, bei denen Eltern sich austauschen,
einander von ihren Erfahrungen erzählen und davon
profitieren können. So bietet die Kita noch einmal mehr
Raum für Begegnung.

Yvonne Quittkat:
Es muss auch nicht immer ein schwieriges Problem sein,
um das es geht. Es kann einfach ein Gespräch über etwas
sein, das die Eltern gerade beschäftigt.

Christina Wiethüchter:
Allein das kann schon entspannend wirken.
   Ich muss oft an die „Frühen Hilfen" denken, die
geschaffen wurden, um Familien mit Kindern im Alter von
null bis drei zu erreichen. Es ging um den präventiven
Kinderschutz, und da kann Kita-Sozialarbeit auch eine
wichtige Rolle spielen. Wir haben so viele große Familien
mit fünf oder sechs Kindern, und viele schwangere Mütter
wissen zum Beispiel nicht, dass es Haushaltshilfen gibt, die
sie beantragen können, wenn sie allein sind. Wir helfen
ihnen dann, die Anträge auszufüllen.
   Was mich an meiner Arbeit so reizt, das ist das Vielsei-
tige. Ich finde es spannend, dass ich mit den pädagogischen Fachkräften zu tun habe, mit den Wirtschaftskräf-
ten, den Leitungen, den Netzwerkpartnern, den Familien
und vor allem den Kindern. Weil ich in der Kita bin, bin
ich auch für die Kinder erreichbar. Sie nutzen das und
fragen: „Kann ich heute mal zu dir kommen?"

Du hast in der Kita ein Büro oder einen Raum?

Christina Wiethüchter:
Nein, wir sind mittlerweile zu zweit und arbeiten im Foyer.
Es ist groß, und in einer Ecke gibt es eine Art Büro.

Praktisch, denn da kommen alle vorbei.

Christina Wiethüchter:
Ja, da können Kinder und Erwachsene ihre Fragen
loswerden.
   Sowieso muss die Zusammenarbeit keine einseitige
Angelegenheit sein. Ich hatte überlegt, was den Eltern
Spaß machen könnte, wenn sie in der Kita zusammenkom-
men. Da stellte sich heraus, dass viele Eltern gern tanzen,
aber nicht mehr dazu kommen. Wir tanzten dann regelmä-
ßig in der Kita. Und die Mutter, von der ich euch vorhin
erzählte, zeigte mir Schritte türkischer Tänze. Sie genoss
es, sich damit einbringen zu können. Es war etwas
Gegenseitiges, und das war sehr schön.

Yvonne Quittkat:
Bei Kita-Sozialarbeit geht es ja nicht darum, dass jemand
was nicht kann, sondern vor allem um eine Erweiterung.
Vielleicht kommen wir irgendwann dahin, dass es tatsächlich multiprofessionelle Teams gibt und nicht nur Teams
mit Quereinsteigern, die die Löcher stopfen. Vielleicht
können Kitas ein Gesprächsort oder Treffpunkt sein.
Schließlich begegnen sich Familien da sowieso, weil ihre
Kinder jeden Tag dort sind. Es muss auch nicht immer um
Beratung gehen, die Erzieherinnen in all der Breite gar
nicht anbieten können. Es kann auch einfach nur ange-
nehm sein.

DA FÄLLT MIR DOCH WAS AUF ...

Das sticht zwar ins Auge, aber man kommt man nur darauf, wenn man genau hinschaut: Viele Kinderspiele setzen auf die Aufmerksamkeit für Details, auf Unterschiede und Veränderungen.

Spielt zusammen „Auffall"-Spiele, um die auffällig hohen Fähigkeiten der Kinder für Details herauszufordern!

Du erzählst Quatsch!

Erzähle: „Das siebte Geißlein aber versteckte sich im Klokasten." Piiiep, Buzzer! Da stimmt doch was nicht mit dem vertrauten Märchen überein! Gerade bei Lieblings-Vorlese-Büchern finden Kinder selbst klitzekleine Fehler im Vorlesetext.

Was ist anders an mir?

Ein Kind sieht das andere an. Merk dir genau, wie ich aussehe! Dann schließt das Kind die Augen, und das andere ändert blitzschnell etwas an Haaren, Bekleidung... Findet es heraus, was anders ist?

Wo ist das denn bloß?

20 ausgedruckte Fotos werden beim Ausflug ins Museum ausgeteilt: Wer findet den auf einem Foto abgebildeten Lichtschalter, das Segelboot auf einem Ölbild, den Fleck an der Wand, die Hand einer Skulptur? Dieses Suchspiel trainiert nicht nur die Aufmerksamkeit der Kinder, sondern auch das Interesse für sonst nur ungenau betrachtete Dinge.

Wessen Nasenloch ist das wohl?

Auch für dieses Spiel werden ausgedruckte Fotos gebraucht: Nahaufnahmen von Ohr- oder Nasenlöchern der Kinder, Leberflecken, Augenbrauen. Wieder geht es darum, das Kind zu finden, dessen Augenbrauen auf dem Foto zu sehen sind. Dabei merken die Kinder: Leas Augenbrauen ähneln denen von Yasmin, nicht aber denen von Kim. Wir alle haben bestimmte Gemeinsamkeiten und Unterschiede.

Welche Farbe haben meine Socken?

Zwei Kinder sehen sich zwei Minuten lang an,
von Kopf bis Fuß. Dann drehen sich beide
Rücken an Rücken und raten:

Sind meine Socken geringelt?
Ist ein Bild auf meinem Pulli?
Ist meine Hose grau oder blau?

Text: Michael Fink

Wo war ich?

Ein mutiges Kind trägt Augenbinde.
Zwei andere Kinder führen es im Garten zu einer
bestimmten Stelle, an der es ausgiebig fühlen darf,
was es dort gibt.
Dann geht es zurück, die Augenbinde kommt weg –
und es muss raten: Wo war ich bloß?

Was ist weg?

Alle Kinder marschieren zu fröhlicher Musik durch
den Raum. Musik aus – Augen zu! Schnell lässt die
Spielleitung einen Gegenstand aus der Mitte des Raums
verschwinden. Welcher ist es? Das Spiel geht weiter, bis
der Raum leer ist – und das Antworten leicht.

Ich spüre was, was du nicht spürst…

„Ich sehe was, was du…" kennen alle.
Bei der Spür-Variante fühlen die Kinder einen
Gegenstand mit verbundenen Augen ab.
Dann werden die Dinge mit anderen gemixt,
und nun gilt es herauszufinden:
Was hast du gefühlt?
Einen Apfel! Stimmt.
Aber welcher von den dreien war es?

Wer hat geklaut?

Alle Kinder sitzen im Kreis um 12 bis 20
Wechselwäschestücke. Zwei Detektive gehen
raus – und währenddessen darf ein Kind ein
Bekleidungsstück mit einem Wechselwäschestück
tauschen. Jetzt müssen die beiden Detektive
rausfinden: Welches Kleidungsstück fehlt im Kreis,
wem gehört dieser Pulli dort, wer sieht anders aus?

WAS MIT MATSCH

Text und Fotos:
Dagmar Arzenbacher

M a t s c h

ist eine praktische Erfindung.

Warum?
Weil der Matsch so schön modderig, pampig,
schmierig, schlammig, breiig, dreckig und sinnlich ist.

Was ist Matsch eigentlich?
Eine breiige Masse aus irgendwas.
Woraus denn? Aus Wasser und Sand, Wasser und Ton,
Wasser und Lehm, Wasser und Mehl oder Wasser und
Kartoffeln.

Was kann man mit Matsch anfangen?
Man kann darin mit Händen, Füßen und dem ganzen
Körper baden. Das nennt man Schlammbad. Aber
man kann sich damit auch bewerfen. Das nennt man
Schlammschlacht. Oder man kann Kleckerburgen
bauen und Eierpampe servieren.

Achtung: Wer mit Matsch spielt, ist kein Ferkel,
sondern kreativ und experimentierfreudig.

Was Du Dir mit Matsch ausgedacht und fotografiert
hast, schickst Du an:

juhu@wamiki.de

STARK BLEIBEN

Warum sind wir, wie wir sind?
Und warum stoßen wir damit nicht nur auf Gegenliebe?

Erinnerungen an missliche Situationen, Erkenntnisse über Verhaltensweisen, Erfahrungen mit Lösungsmöglichkeiten und Umsetzungstipps – Aline Kramer-Pleßke, Supervisorin und Coach, möchte dazu beitragen, dass wir unsere Potenziale entdecken, unsere Ressourcen stärken, emotionale Entlastung finden und souveräner handeln können.

ERINNERUNGEN

Früher gab es in meiner Schule Lehrer*innen, die in der sozialen Interaktion mit uns überfordert waren und deshalb oft nicht angemessen reagierten.

Unser Werklehrer machte gern Witze. Wenn wir lachten, verzog er plötzlich sein Gesicht. Sein gewaltiger Schlüsselbund flog durch den Raum und landete mit lautem Knall auf einem Tisch. Manchmal traf er auch einen Arm, die Wand oder den Schrank. Im Sportunterricht wurde ein Junge meiner Klasse von unserem Sportlehrer oft angezählt. Welcher Regel der Junge nicht gerecht wurde, das weiß ich nicht mehr. Doch dass der Lehrer ihn heftig am Ohr packte und mit ihm durch die Turnhalle rannte, daran erinnere ich mich noch genau. Wenn wir im Chemieunterricht zu viel schwatzten, erzählte unsere Lehrerin traurige Geschichten von kranken Goldfischen. Manchmal saß sie abwesend am Lehrertisch, kaute an den Nägeln und starrte in die Luft. All diese Verhaltensauffälligkeiten waren eine große Herausforderung für uns. Jedes Kind ging anders damit um.

Was bedeutet es eigentlich, wenn Erwachsene sich so verhalten? Und wer stuft solche Verhaltensweisen ein?

ERFAHRUNGEN

In der Supervision berichtete mir eine Kitaleiterin, dass eine langjährige Kollegin immer wieder den Rahmen sprenge, sehr aufbrausend und oft feindselig sei, um sich beiße wie ein wilder Hund, alles zusammenbrülle – und das in Dienstberatungen, auf Fluren, vor Eltern, in der Gruppe. Sei sie einmal in Zorn geraten, gebe es kein Halten. Ein Stopp zähle nicht.

Wir versuchten, uns der Angelegenheit aus verschiedenen Perspektiven zu nähern.

Zunächst betrachteten wir die fachliche Ebene: Im Grunde sei die Kollegin eine gute Pädagogin, erklärte die Leiterin. Allerdings nur, wenn sie den Ton angeben dürfe und ihre Ideen umgesetzt werden. Andere Meinungen akzeptiere sie nicht. Konstruktive Auseinandersetzungen seien ihr nicht möglich.

Die Leiterin versuchte, ihr mit fachlich fundierten Argumenten zu begegnen. Doch weil die Kollegin sich so aufregte, mussten Gespräche immer wieder abgebrochen werden.

Nun untersuchten wir ihre Rolle als Leiterin. Sie schätze ihr Team zwar, sagte sie, könne ihre Idee, partizipativ zu arbeiten, aber nicht durchsetzen. In problematischen Momenten zog sich das Team zurück, reagierte eher erschrocken und defensiv.

Des Öfteren hatte die Leiterin versucht, den Träger ins Boot zu holen und über arbeitsrechtliche Konsequenzen nachzudenken. Aber der Träger vertröstete sie, argumentierte mit dem Fachkräftemangel und warb um Geduld. Doch die Leiterin wollte ihre Mitarbeiterinnen schützen und fand, das gelinge ihr nicht gut genug.

Als es in der Supervision um das Thema Persönlichkeit ging, entdeckten wir, dass die Leiterin, biografisch bedingt, ein Problem mit cholerischen Menschen hat. Erhebt jemand die Stimme, fühlt sie sich unmittelbar angegriffen, erstarrt regelrecht und ist kaum handlungsfähig. Außerdem fällt es ihr sehr schwer, sich abzugrenzen. Sie empfindet sich als unfähig. Massive Scham- und Schuldgefühle quälen sie.

Natürlich gibt es immer gute Gründe für ein Verhalten. Doch wenn problematisches Verhalten im institutionellen Kontext auftaucht, wird es schwierig. Wer ist dann zuständig? Wer reagiert wann und wie? Welche Gestaltungsspielräume und Einflussrahmen gibt es?

In der Supervision kam die Leiterin auf folgende Ideen:

Für fachliche Klarheit, mehr Transparenz und Sicherheit legte sie Verantwortungsbereiche fest. Wichtig war ihr, klarer zu machen, wer wann was und warum entscheiden darf. Regeln für alle Mitarbeiter*innen will sie im Team zur Diskussion stellen und mit den Kolleg*innen überarbeiten.

Für ihre Rolle fordert sie Unterstützung vom Träger. Dabei geht es ihr um die Zuständigkeit für Personalentwicklung und Entscheidungen, aber auch um ihre Möglichkeiten, sich abzugrenzen – immer mit dem Blick auf das Wohl der Kinder und Familien.

Für ihr persönliches Starkbleiben schlug ich einige mentale Hilfsmittel vor. Denn um schwierige Situationen leichter zu bestehen, ist es wichtig, sich gedanklich und körperlich in eine positive Haltung zu bringen.

EXPERIMENT

Haben Sie schwierige Persönlichkeiten im Team? Um Problemen im zwischenmenschlichen Bereich auf den Grund zu gehen, kann man fragen: Gab es einen Anlass? Ab wann wurde es kompliziert? In welchen Situationen funktionierte es gut? Was war oder ist da anders?

Aline Kramer-Pleßke arbeitet als Coach für Leitungskräfte und ist Supervisorin.

Kontakt: Beratungspraxis, Wolfshagener Straße 73, 13187 Berlin
E-Mail: info@alinekramer.de
Internet: www.alinekramer.de und www.perspektiven-coaching-berlin.de

Mentale Hilfsmittel

1.

Legen Sie einen fiktiven Schutzpanzer an. Finden Sie dazu ein für Sie passendes Bild. Zum Beispiel eine flexible, unzerstörbare Blase oder einen Teflonanzug, an dem Angriffe abperlen.

2.

Nutzen Sie stärkende Affirmationen. Das sind aufbauende Sätze, zum Beispiel: „Ich bin stark." „Ich kann das." „Ich bin in Ordnung, so wie ich bin."

3.

Da unser Gehirn unserem Körper glaubt, kann es helfen, sich vor herausfordernden Situationen zurückzuziehen, kurz eine Siegerpose einzunehmen und dabei zu lächeln. Das täuscht gute Stimmung vor und trägt dazu bei, die entsprechenden Hormone auszuschütten.

4.

Denken Sie an eine Situation, in der Sie das gewünschte Gefühl (stark, glücklich, klar, professionell...) schon einmal hatten. Versetzen Sie sich in diese Situation. Wie ist Ihre Köperhaltung? Wo genau empfinden Sie die positiven Emotionen? Welche Worte spielten eine Rolle? Wie war die Umgebung? Wenn Sie das gewünschte Gefühl spüren, setzen Sie einen Anker. Zum Beispiel berühren Sie einen Ring, verschränken die Hände oder drücken mit dem Daumennagel in die Zeigefingerkuppe. Dies üben Sie in kurzen Abständen mindestens acht Mal, damit Ihr Gehirn das Gefühl mit der Handlung verknüpft. Wenn Sie später in einer schwierigen Situation sind und den Anker setzen, stellt sich das gute Gefühl von allein ein.

Ideal ist, wenn Sie kongruent kommunizieren. Das bedeutet, dass Ihre Aussagen mit Ihrer Mimik und Gestik übereinstimmen. Dadurch kann Ihr Gegenüber die Kommunikation einordnen. Verhalten Sie sich wertschätzend und vor allem: Nehmen Sie sich selbst auch als wertvoll wahr.

AUFSICHTSPFLICHTÜBERTRAGUNGSUNTERLASSUNG?

Text: Michael Fink
und Lars Ihlenfeld
Foto: Kelly Sikkema / unsplash

Hier werden Rechtsfragen aus der Pädagogik verhandelt.
Diesmal geht es darum, wann die Aufsichtspflicht beim Abholen wechselt.

„Mama!" Glücklich umarmt Nora ihre Mutter – nachmittags endet der Tag der Kindergruppe oft auf dem Piratenspielplatz. „Wir haben schon sooo auf dich gewartet", sagt die Vierjährige, denn heute kommt ihre Freundin Jara mit. „Aber erst wollen wir zu Ende spielen. Hol dir ein Eis und komm wieder ... in zweiundzehnzig Minuten."

Noras Mutter seufzt milde und kehrt 15 Minuten später zurück, zwei Kugeln Mokka-Malaga und einen Flat-White to go im Bauch. „So, zweiter Versuch", meldet sie sich bei Erzieherin Vera-Sybille, „jetzt nehme ich Nora und Jara aber wirklich mit."

Vera-Sybille wundert sich. „Ich dachte, Nora wäre bereits abgeholt, weil Sie mir ja schon vor einer Viertelstunde zugenickt hatten. Und davon, dass Sie Jara abholen, wusste ich, offen gestanden, bisher nichts", erklärt die Erzieherin.

„Ist ja nix passiert", sagt Noras Mutter. „Hier ist der Zettel für Jara. Dann fange ich die beiden Mädchen mal ein..."

„Ist nichts passiert. Hätte aber", wendet Vera-Sybille mit strafendem Unterton ein: „Wie ich beim Kita-Rechts-Seminar gelernt habe, endet die Wahrnehmung der Aufsichtspflicht durch das pädagogische Personal im Moment des Betretens der Kindertageseinrichtung durch das abholende Elternteil oder die durch eine von den Sorgeberechtigten per Abholerlaubnis legitimierten ersatzweise abholenden Personen. Nun sind wir hier zwar nicht in der Kita, wo durch das elterliche Betreten der Einrichtung ein klares Ende der Pflicht zur Beaufsichtigung durch das Kitapersonal eintritt, sondern auf dem Spielplatz. Aber durch Ihre durch Ihr Kopfnicken erfolgte Begrüßung meinerseits musste ich – als die Aufsichtspflicht wahrnehmende Person – von einer Rückübertragung der Ihre Tochter betreffenden Aufsichtspflicht auf Sie ausgehen. Wohingegen ich aufgrund der Nicht-Kenntnis der Legitimierung der Abholung Jaras durch deren Sorgeberechtigte durch Ihr Unterlassen von einer weiteren Verpflichtung meinerseits von deren Beaufsichtigung..."

„Hä?" Noras Mutter stutzt.

„... ausgehen musste. Das mag für Sie jetzt nach rechtlicher Spitzfindigkeit aussehen..."

„So ist es", bestätigt Noras Mutter.

„...hätte aber nach dem Nicht-Erfolgen der Rückübertragung der Aufsichtspflicht durch ein klares Zeichen durch Sie ein selbst- oder fremdgefährdendes Verhalten ihrer Tochter ein Eingreifen meinerseits..."

„Ich verstehe nur noch Bahnhof", sagt Noras Mutter ärgerlich.

„...ein Eingreifen meinerseits erfordert, was dann durch irrtümliches Ausgehen meinerseits von der Beendigung der Aufsichtspflicht aufgrund des Unterlassens Ihrer Rückübertragung der Aufpflichtssicht...“

„Atmen Sie mal durch! Sie sind ja ganz blau im Gesicht“, rät Noras Mutter.

„...unterblieben wäre, ergä-, gäääbe das schwerwiegende rechtliche Plobre- äh, Probleme...“

„Vera-Sybille, beruhigen Sie sich doch!“ Noras Mutter klopft der Erzieherin auf den Rücken, als hätte diese sich verschluckt.

„...wo-, wo-, wohingegen ich in Bezug auf Jara im Falle einer Nicht-Information bezüglich der Absichtserlaubnis, äh, Übersichtigungstragung, äh, Aufbeabsichtigung, -tichti-, -tiii...“ „Oh Gott, wir brauchen einen Rettungswagen!“ Noras Mutter zückt ihr Handy. „112, bitte kommen! In fünf Minuten da? Ok! – Äh, wenn Sie gleich abgeholt werden, Vera-Sybille, hab dann etwa ich die Aufsichtspflicht? Oh Gott, oh Gott!“

§ *Das Wichtigste: Vera-Sybille überlebt, gut beaufsichtigt vom umsichtigen Klinikpersonal. Das Zweitwichtigste: Kann unser Experte Lars Ihlenfeld mal gaaanz ruhig und verständlich erklären, wann und wie genau die Aufsichtspflicht beim Abholen von der Kita auf Eltern übergeht, mit allen Zweifels- und Sonderfällen wie Nochmal-Zurückkommen, Kitafest und Elternhospitation?*

Rechtsanwalt Lars Ihlenfeld
ist dreifacher Vater, Wald-
kindergarten-Gründer,
Familienmensch und co-leitet
eine Kita in Hamburg.

_____ **Lars Ihlenfeld — Kitarechtler,** antwortet:

Das Drittwichtigste wäre sicherlich, dass Vera-Sybille einen weiteren Kurs zu dem Thema Aufsichtspflicht in der Kita belegt, in dem deutsch und nicht juristisch gesprochen wird. Denn so geeignet die Fach-Sprache der Advokaten ist, um Sachverhalte ganz präzise zu beschreiben und feinste Unterschiede in ihrer Bewertung klarzumachen, so ungeeignet – und in manchen Fällen offenbar sogar gesundheitsgefährdend – ist sie im Alltag

Die Grundregel ist einfach: Wenn die Eltern vor Ort sind, üben sie die Aufsicht über ihre Kinder entsprechend Paragraf 1626 BGB aus. Wenn nicht, liegt die Pflicht zur Aufsicht beim Kita-Träger, der diese Aufgabe an seine Fachkräfte delegiert (hat).

Das Gesetz selbst schreibt keine Regelungen zum Akt der Übertragung und Rückübertragung vor. Die Beteiligten können und sollten diesen Gestaltungsspielraum nutzen, um ungewollte Lücken der Beaufsichtigung zu vermeiden.

So kann die Kita – schon im Betreuungsvertrag, in einer Art Hausordnung oder in einem Info-Blatt dazu – festlegen, dass zum Beispiel beim Abholen des Kindes immer ein paar kurze Worte mit dem betreuenden Personal gewechselt werden oder man sich die Hand gibt. Das schafft klare Verhältnisse und drückt Wertschätzung für die Arbeit der Pädagog:innen aus, die den größten Schatz der Eltern über viele Stunden am Tag gehütet haben.

Verbleibt das Kind danach unabgesprochen noch auf dem Gelände, während die Mutter sich ein Eis aus dem Café um die Ecke holt, ändert das zwar nichts daran, dass die Fachkraft, wenn sie das Kind in einer brenzligen Situation entdeckt, eingreifen muss, aber die Bewertung des Gerichts im Falle eines Unfalls, der zu einer ernsthaften Verletzung des Kindes führt, würde sicherlich anders ausfallen. Denn eine Fachkraft kann nur für das zur Verantwortung gezogen werden, was sie aufgrund ihrer Fähigkeiten und Kenntnisse hätte vorhersehen können.

Für Kita-Feste gilt die obige Grundregel – allerdings mit der Ausnahme, dass das Team für die Kinder verantwortlich ist, solange zum Beispiel eine Aufführung läuft. Der Hinweis, dass die Eltern verantwortlich sind, nachdem der Vorhang gefallen ist, kann hier hilfreich sein.

Wenn Eltern hospitieren oder die Kinder-Gruppe bei Kita-Ausflügen begleiten, ist die Lage anders, denn die Mütter oder Väter agieren in der Kita nicht in ihren Elternrollen, sondern sind entweder als stille Mäuschen oder als Hilfspersonal im Einsatz. Daher sind sie entweder explizit von der Aufsichtsführung befreit oder für die Gruppe und nicht nur für ihre Kinder zuständig.

Da man nicht jede Situation im Voraus regeln kann, sollten alle Beteiligten, um in überraschenden Situationen einen kühlen Kopf zu bewahren, immer die Formel des Bundesgerichtshofs zur genügenden Aufsichtsführung im Hinterkopf behalten: Es ist das zu tun, was ein verständiger Aufsichtspflichtiger nach vernünftigen Anforderungen im konkreten Fall tun würde. Ergänzt durch das Wissen um den wichtigsten pädagogischen Auftrag: Erziehung zur Selbstständigkeit und Eigenverantwortlichkeit. Und in der Gewissheit, dass Aufsicht nicht nur direkt – ich sehe oder höre das Kind –, sondern auch auch indirekt – wir haben Regeln eingeübt oder Absprachen getroffen – geführt werden kann.

ÄRGER MIT
SIE WISSEN SCHON
Rechtsfragen aus der Pädagogik
LARS IHLENFELD, MICHAEL FINK

FÜR SCHÖNE HAFTTAGE: DIE SELBSTKLEBENDE BANDAGE

Text und Fotos:
Michael Fink

Teuer muss nicht sein, aber kreativ! Michael Fink inspiziert Ausgesondertes,
um nach Dingen zu suchen, die kaum etwas kosten.

Haftbandage

Bezugsquelle: Drogerie,
Euro-Shop, TEDI
Preis: ab 45 Cent pro Meter

Ihr Name klingt verrucht. Wer denkt nicht an Knast, Fußfesseln und Verbrecher-Banden, wenn er das Wort „Haftbandage" hört? Zu Unrecht! Der diesmalige Gast aus dem Billig-Laden, der inzwischen inflationsbedingt „2-Euro-Shop" heißt, entstammt dem Gesundheitsbereich und will uns „stabilisieren", gar „stützen" – Worte, die unser PädagogInnenherz höher schlagen lassen. Zwar ist die Haftbandage ein ganz praktisches Alltagsding, aber trotzdem passt sie zum Heftthema, denn inzwischen beteiligt auch sie sich an dem Trend, möglichst stark aufzufallen.

Bandagen oder Stützverbände gab es schon immer. Beim Anlegen waren sie einst weiß, tendierten bei zunehmender Tragezeit jedoch ins Graubraune. Das war kein Ding, denn ihr Träger war einer dieser Invaliden, die man sowieso nicht wahrnehmen sollte: „Guck da nicht hin, zu dem Mann mit dem Aua!"
Heute sorgt das Aua für „Aha" und „Oho". „Zeige deine Wunde!" war mal ein Motto von Joseph Beuys, das wir nun artig befolgen: Stolz präsentiert Ida ihren Corona-Doppelstrich, und Grete postet mutig ihren grindigen Grützbeutel: Grützbeutel Pride! Die Haftbandage unterstützt diese Zeigefreudigkeit. Es gibt sie in Farben wie Knallblau, Pink, Quietschgelb und Neongrün. Wer da noch Wotans Wadenprellung übersieht, macht das entweder absichtlich oder hat eine ebenfalls gut zum Posten geeignete Sehstörung.

Womit Wotan Wunden wickelt, wollen wir wahre Wunderwerke wagen. Denn die Haftbandage ist ein einzigartiges Kreativmaterial: gleichzeitig Stoffbahn und Naht, selbstklebend und immer wieder auseinandernehmbar.
Rätselt nicht über meine Worte, sondern probiert es aus: Man kann die 10 Zentimeter breiten Streifen nebeneinanderlegen und durch Überlappung miteinander verkleben. Hippe Karomuster entstehen, wenn man dünne Haft-Pflasterstreifen aus dem gleichen Material kauft und aufklebt. Umhüllt man plastische Dinge, kann man damit lustig bunte Figuren herstellen, die sich prima mit Teddywolle ausstopfen lassen. Sieht genauso albern aus wie das selbst gehaftklebte Portmonee? Nach Verbüßung der Haft lässt es sich wieder auseinandernehmen und resozialisieren.

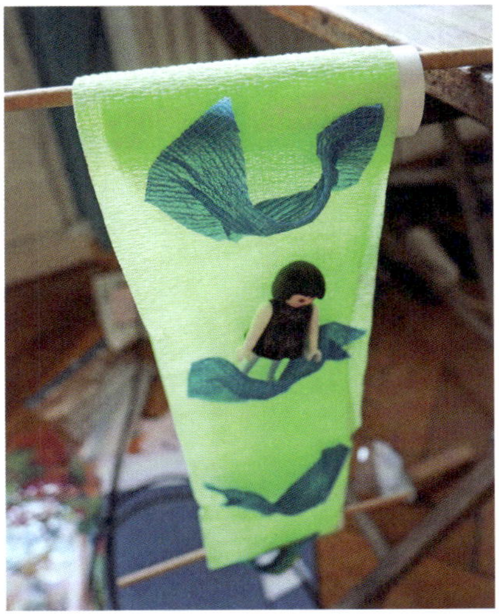
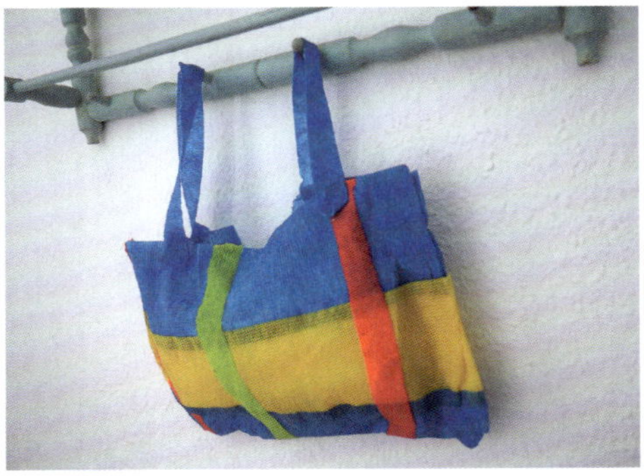
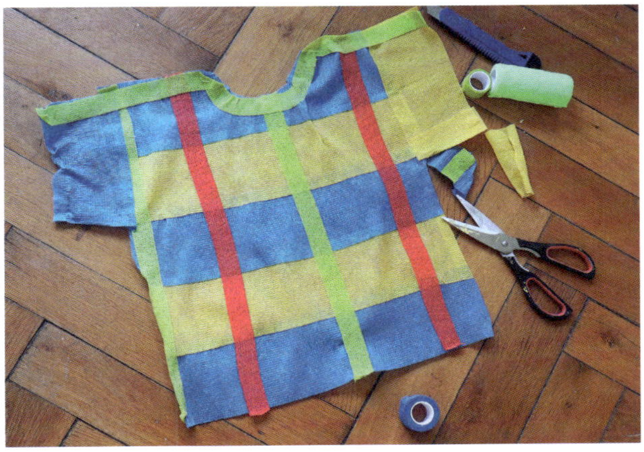
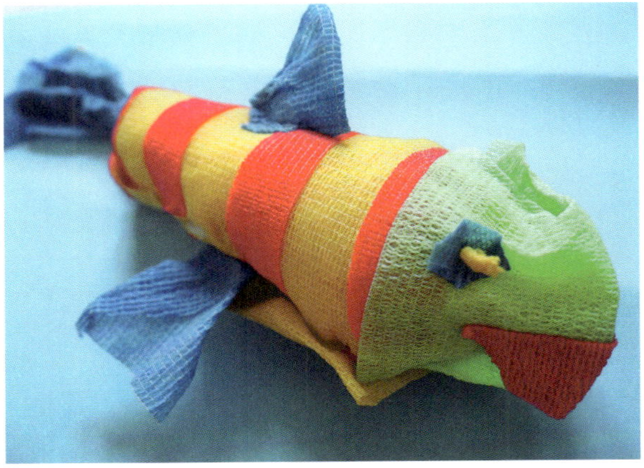
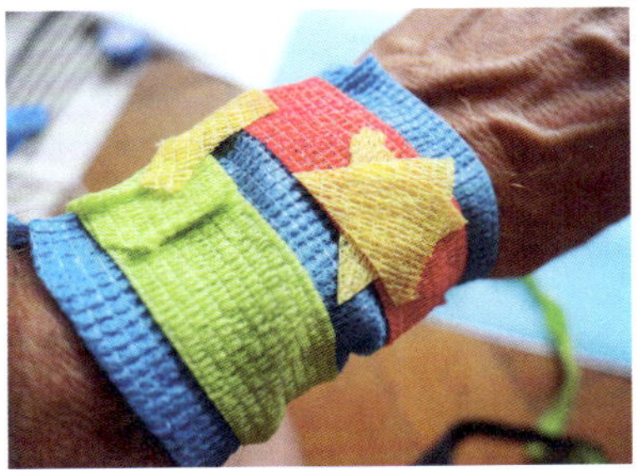
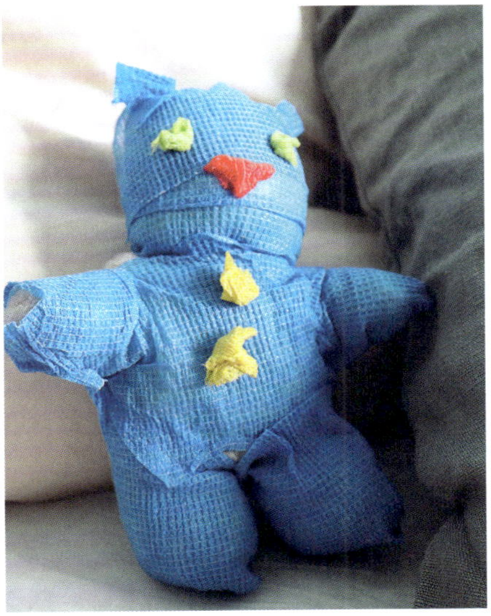
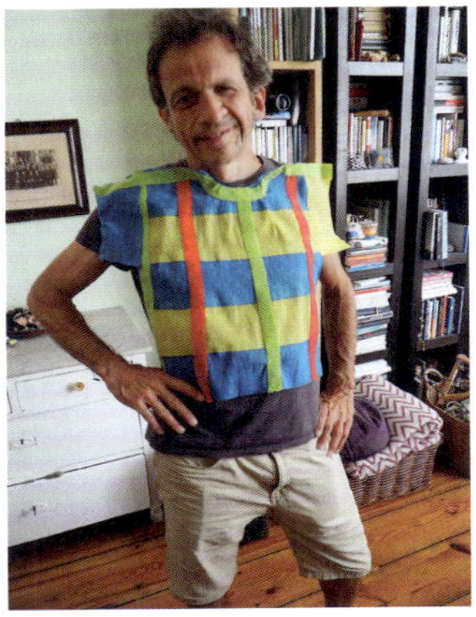
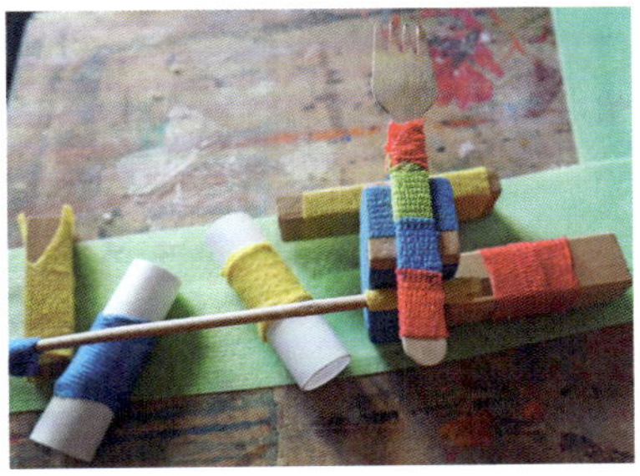

NOMINIERT FÜR DEN DEUTSCHEN JUGEND

Ich bin wie der Fluss
Bilderbuch

Der Dreiklang von Text, Bild und Typografie in diesem berührenden Bilderbuch gibt tiefen Einblick in das Innenleben eines stotternden Kindes.

Bereits morgens nach dem Aufwachen stellen sich die Worte im Mund des Ich-Erzählers kreuz und quer. Das steigert sich in der Schule, bis ihn sein Vater abholt und zum Fluss mitnimmt. Der Anblick des sprudelnden, gischtenden und tosenden Flusses hilft dem Kind, sich und sein Sprechen besser zu verstehen. Es fühlt sich getröstet und bestärkt, indem es sich selbst sagen kann: „Ich bin wie der Fluss."

Jordan Scott hat für die traumatischen Erfahrungen des Stotterns eine authentische und zugleich poetische Sprache gefunden. Sydney Smith wechselt von pigmentierten zerlaufenden Bildern, die uns die Qualen des Jungen spüren lassen, zu kräftigen Sequenzen, in denen er die Schönheit und Wildheit des Wassers mit den sich verändernden Gefühlen des Jungen kombiniert, bis sie in einem gigantischen Panoramabild kulminieren, in dem sich der Junge ins funkelnde Wasser begibt.

Bernadette Ott macht mit ihrer bildhaften, klanglichen Übersetzung den Gefühlsraum des Kindes physisch wahrnehmbar. Große Bilderbuchkunst ab 5.

wamiki-Tipp:
Jordan Scott (Text)
Sydney Smith (Illustration)
Ich bin wie der Fluss
Aus dem Englischen von Bernadette Ott
Aladin
ISBN 978384890197 5
18,00 € (D), 18,50 € (A)

Alle zählen

Schon das knallbunte Cover macht neugierig: dicht gedrängt jede Menge Menschen, die Plakate mit den Großbuchstaben des doppeldeutigen Titels halten. Innen kontrastreich Leere, eine fein gestrichelte Waldszene, dazu eine blaue Null. Auf der nächsten Seite mit der Zahl Eins die erste Person, ein Junge, der den Nachthimmel betrachtet und sich fragt, wie viele andere in genau diesem Moment dieselben Sterne sehen. Aufsteigend folgen immer höhere Zahlen und größere Personengruppen, die sich am Ende zur gesamten Menschheit auf dem Planeten Erde addieren.

Bei diesem außergewöhnlichen Wimmelbuch geht es um weit mehr als um Zahlen und ums Zählen. Die plakativen Figuren, die bei genauer Betrachtung individuelle, wiedererkennbare Züge tragen und aufs Schönste Diversität feiern, agieren miteinander an den unterschiedlichsten Schauplätzen. Von Seite zu Seite entwickelt sich ein zunehmend vielfältiger verknüpftes Beziehungsnetz. Ergänzt wird das Abgebildete am unteren Rand der (Doppel)Seiten durch eine schmale Textleiste mit prägnant von Maike Dörries ins Deutsche übersetzten Informationen. Die kurzen Texte ziehen komplexe Fragen nach sich und regen an zum Blättern, Suchen, Ausdenken immer neuer Geschichten sowie zum Philosophieren über Zufälle, Zusammenhänge und unser aller Miteinander. Ab 5.

wamiki-Tipp:
Kristin Roskifte – Alle zählen
Aus dem Norwegischen von Maike Dörries, Gerstenberg
ISBN 9783836960366
18,00 € (D), 18,50 € (A)

LITERATURPREIS 2022

Mehr Nominierungen und ausgezeichnete Bilder-, Kinder- und Jugendbücher unter: https://www.jugendliteratur.org

Von Moskau bis Wladiwostok

Sachbuch

Die Welt, die dieses Sachbuch zeigt, ist uns sehr fern. Umso betörender wirken der Detailreichtum, die Informationsvielfalt, die beeindruckende Art der Illustration.

Mit einer Karte, zugleich Vorsatzpapier und Inhaltsverzeichnis, startet die faszinierende Reise über 174 Stunden und 9.288 Kilometer durch halb Europa und Asien. In ausgewogenem Wechsel folgen prall gefüllte Doppelseiten. Dazu mischen sich in Zeichnung und Begleittext (übersetzt von Thomas Weiler und Lorenz Hoffmann) viele Einzelheiten. Landschaften, Städte, Geschichte, Kultur, Kulinarik und russische Vokabeln fügen sich zu einer Gesamtschau. Der Anhang liefert Begriffs- und Personenerklärungen und die Anbindung der Transsib ans europäische Bahnnetz. Das Buch ist ein Brückenbauer im besten Sinn des Wortes. Ab 8.

wamiki-Tipp:
Alexandra Litwina (Text)
Anna Desnitskaya (Illustration)
Von Moskau nach Wladiwostok
Eine Reise mit der Transsibirischen
Eisenbahn
Aus dem Russischen von Lorenz
Hoffmann und Thomas Weiler
Gerstenberg
ISBN 9783836961295
26,00 € (D), 26,80 € (A)

Anna

Großsein ist nichts Großartiges und Großwerden gleicht einem unermüdlichen Gipfelsturm, weiß Mia Oberländer aus eigener Erfahrung. Diese bearbeitet sie in ihrem Comic Anna auf grafisch stilisierenden und farbflächigen Bildtafeln wie durch raffinierte typografische Setzungen mit Verve und Humor. Das Miteinander des kleinen Bergdorfs, in dem Anna, ihre Mutter und Großmutter leben und leiden, ist von Vorurteilen und Diskriminierung geprägt. Was bedeutet es, nicht der Norm zu entsprechen, sich permanent beäugt zu fühlen und gleichzeitig verlässlich ausgegrenzt zu werden? Durch bildnerische Freistellung der Figuren und Überzeichnung von Mimik wie Körperproportionen inszeniert die Illustratorin das Denken, Fühlen und Handeln der Protagonistinnen meisterhaft. Alles schreit nach einem Befreiungsschlag! Und dieser wird, wie kann es in den Bergen anders sein, auf dem Gipfel vollzogen, und mit maßloser visueller Übertreibung wie pointiert gesetzter Farbauswahl auf die Spitze getrieben!

Hat Mia Oberländer von Anfang an verstanden, die intergenerationelle Tragik ihrer Familiengeschichte in eigensinniger Bildsprache ins Groteske zu ziehen, wendet sie die Schlussszene ins Metaphorische. Denn, wenn wir Glück haben, so ihre poetische Conclusio, kann Großsein zu einer grandiosen Aussicht verhelfen.

Ab 14.

wamiki-Tipp:
Mia Oberländer
Anna
Edition Moderne
ISBN 9783037312223
25,00 € (D), 25,70 € (A)

Termine

GESUNDES AUFWACHSEN VON KINDERN UND JUGENDLICHEN
8.–9. 11. 2022
DJI-Jahrestagung in Berlin.
Info: www.dji.de

GANZTAG ZWISCHEN QUALITÄTSANSPRUCH UND AUSBAUBEDARF
15.–16. 11. 2022
WiFF-Bundeskongress in Berlin
Info: www.weiterbildungsinitiative.de

WAMIKI-AUSSTELLUNGEN AUF TOUR —

Spielplätze und
interaktive Lernwerkstätten
für alle:

SPIELPLATZ SPRACHE
November/Dezember 2022:
Spielplatz Sprache in Marburg,
Fachdienst Kinderbetreuung
E-Mail: nina.niggemann@marburg-stadt.de

MATHEKINGS + MATHEQUEENS
November 2022 in Kamen
Kontakt: Frau Gorny,
AWO Familienzentrum "Atlantis"
E-Mail: atlantis@awo-rle.de

Mehr Infos
zu Ausstellungen, Ausleihbedingungen gibt es auf:
www.wamiki.de/ausstellungen/

Gern vereinbaren wir
einen persönlichen Beratungstermin:
info@wamiki.de bzw. 0 30/480 65 36.

PÄDAGOGIK AUFRÄUMEN:

Pädagogik lebt von Ritualen, heißt es. Erzieher, Lehrer und *innen machen alles Mögliche, weil es nun mal derzeit üblich oder sogar vorgeschrieben ist. Egal, ob es Sinn hat oder nicht. Sinnvoll ist es aber auf jeden Fall, ab und zu auszumisten. Deswegen stellt diese Rubrik pädagogische Gewohnheiten aufs Tapet und fragt ganz ergebnisoffen: Ist das pädagogische Kunst, oder kann das weg?

WARTEN LERNEN

Die Situation nervt alle: Im Morgenkreis wollen alle Kinder gleichzeitig ihr Lieblingstier – Pinguin! Stegosaurus! Komodowaran! – vorstellen. An der Schaukel gibt's Gedrängel: Ich, ich, ich! Vielleicht, weil das Bändigen der Kinder eine so zermürbende Tätigkeit ist, verwandeln die ErzieherInnen sie ab und zu in ein bedeutsames Lernziel: „Die Kinder lernen zu warten, bis sie dran sind."

Klingt gut, gerade in einer Welt, wo man dauernd Schlange stehen muss und sowieso auf bessere Zeiten wartet. Aber wie genau vermittelt man die Kunst des Wartens? Sollte man es durch besonders langes Warten trainieren? Wird Warten, wenn man es gelernt hat, angenehmer, der Wartende gar duldsamer? Und falls man als Erwachsener immer noch nicht gut warten kann, gibt es da Kurse oder Tutorials?

Spaß beiseite, man will ja die Lesenden nicht allzu sehr auf seine These warten lassen. Diese lautet, erster Teil: Man kann Warten nicht lernen, höchstens lernen, nicht zu drängeln und zu quengeln. Das hat aber eher mit Gehorchen zu tun. Nur klingt „Gehorchen" nicht nach wertvollem Lernziel. These, zweiter Teil: Oft müssen Kinder warten (lernen), weil ErzieherInnen den Tagesablauf nicht gut organisieren oder gar zu wenig Betätigungsmöglichkeiten einräumen. Tut Thea das Essen noch selber auf, statt die Kinder machen zu lassen, ist Warten vorprogrammiert. Und je weniger Spielmöglichkeiten und Anregungen es gibt, desto mehr warten Kinder auf die Schaukel, das Ende der Mittagsruhe oder das Abholen. Oder. Oder. Es gibt Kitas, da haben die Kinder so viel zu tun, dass sie einfach nicht zum Warten kommen. (Aber können tun sie's trotzdem!)

BILDERRÄTSEL

Bild: Marie Parakenings

□□ □□□□ □□□□□□□□□

Welchen Begriff aus der Pädagogik haben wir im übertragenen Sinn collagiert? Die Buchstaben in den hellen Kästchen ergeben den Lösungsbegriff. Unter Ausschluss des Rechtsweges verlosen wir 10 x das das Buch: "Begriffe versenken".

PS: In Heft 3/2022 suchten wir den Begriff: Die Rollenbilder. Die Redaktion gratuliert allen Gewinnerinnen und Gewinnern.

Schickt eure Lösung per Post an:
wamiki
Was mit Kindern GmbH
Kreuzstr. 4 ∫ 13187 Berlin
oder per E-Mail an:
info@wamiki.de
Stichwort: Bilderrätsel.
Einsendeschluss ist der
30. November 2022.

HEFT #5/2022

Thema: Humor und Satire

> Die ersten hundert Kinder, die freiwillig ihren Kitaplatz aufgeben, bekommen von der Bundesregierung ein Pferd!*

AB DEM 30.11. ERHÄLTLICH

WAS IST SATIRE?

„Nichts anderes, als Dinge moralisch, maximal lustig, meist schmerzhaft und mit größtmöglichem Einschlag hinterfragen" (Jan Böhmermann)

Beispiele aus Politik und Pädagogik

FRISCH AUS DER WAMIKI-WITZMANUFAKTUR

Erzieher*innenwitze

MIT HUMOR DURCH DEN ALLTAG

Paradoxe Intervention und andere Methoden

NEUES VON DEN IMPROVISIONÄREN

Zueinander JA-Sagen und andere Methoden für verkrachte Teams

KINDERHUMOR VERSUS ERWACHSENENHUMOR

Was Humor vermag und wie er sich entwickelt

METHODEN FÜR DEN ALLTAG MIT KINDERN

Kontrafaktisch denken und Was-wä-re-wenn-Szenarios erfinden

DILEMMATA

Schadenfreude, schönste Freude?

SPIELWIESE UND PROJEKTE

Lächeln, Kichern, Prusten und Kaputtlachen

RECHTHABER

Auf ein Weizen mit Läster-Ludwig Umgang mit Interna aus dem Team

SCHLUSS MIT LUSTIG

Wenn das Lachen im Halse stecken bleibt …

* Vorschlag der „heute show" zum drohenden Kita-Kollaps

IMPRESSUM

WOMIT DIE WAMIKIS NIE AUFFALLEN:

Erika Berthold: Mit Stilettos ∫
Michael Fink: Mit einem E-Roller ∫
Eva Grüber: Mit einem aufgeräumten Büro ∫ Lena Grüber: Mit einem aufgeräumten Büro ∫ Michael Kobbeloer: Mit Chaos ∫ Frank Seiffarth: Mit süßem Rotwein ∫ Natascha Welz: Mit Sonnenbräune

FRAGEN, KRITIK, IDEEN
redaktion@wamiki.de

VERLAG, REDAKTION, ABO-SERVICE, ANZEIGEN
Was mit Kindern GmbH
Kreuzstr. 4 ∫ 13187 Berlin
Tel.: +49 (0)30 48 09 65-36 ∫ Fax: -35
Mobil: +49 (0)177 414 15 17
E-Mail: redaktion@wamiki.de
E-Mail: info@wamiki.de
Internet: www.wasmitkindern.de
Facebook: www.facebook.com/wasmitkindern
Twitter: @wasmitkindern

ANZEIGEN UND VERTRIEB
Eva und Lena Grüber
E-Mail: anzeigen@wamiki.de
Telefon: +49 (0)177 414 15 17

GESCHÄFTSFÜHRUNG
Lena Grüber, Eva Grüber ∫ HRB 161374 B

GESTALTUNG
Erik Neumann — studio luxabor

KONZEPT
anschlaege.de

DRUCK
Umweltdruck Berlin GmbH

BILDNACHWEISE
Titelbild: streifenkaro / photocase.de
S. 64: Max Yamashita / unsplash

ERSCHEINUNGSWEISE
8 x jährlich: 6 Hefte + 2 Extras
Einzelheft: 8 Euro, zzgl. Versand

ISSN-NUMMER
2363-7714